KB082645

중국 함정

중국 함정

초판 1쇄 발행_ 2018년 6월 1일
3판 1쇄 발행_ 2018년 10월 25일

지은이_ 한우덕
펴낸이_ 이성수
편집_ 황영선, 이경은, 이홍우, 이효주
디자인_ 진혜리
마케팅_ 최정환

펴낸곳_ 올림
주소_ 03186 서울시 종로구 새문안로 92 광화문오피시아 1810호
등록_ 2000년 3월 30일 제300-2000-192호(구:제20-183호)
전화_ 02-720-3131
팩스_ 02-6499-0898
이메일_ pom4u@naver.com
홈페이지_ http://cafe.naver.com/ollimbooks

값_ 15,000원
ISBN 979-11-6262-001-4 03320

이 도서의 국립중앙도서관 출판예정도서목록(CIP)은 서지정보유통지원시스템 홈페이지(http://seoji.nl.go.kr)와 국가자료공동목록시스템(http://www.nl.go.kr/kolisnet)에서 이용하실 수 있습니다.(CIP제어번호 : CIP2018015440)

중국 함정

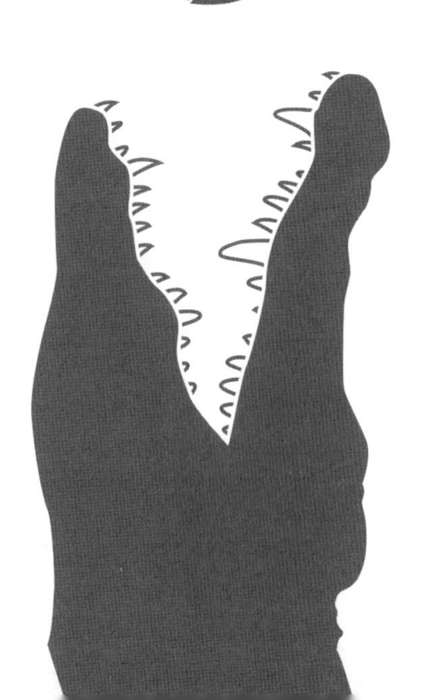

중국이라는 이웃 나라

듣기 어색한 말이 있다. '중국 전문가', '중국통'…. 혹 그 앞에 '한국 최고' 또는 '언론계 최고'라는 수식이 붙으면 쥐구멍이라도 찾고 싶다. '턱도 없다'며 손사래를 치지만 그럴수록 겸손으로 받아들여지곤 한다. 겸손해서가 아니다. 진짜 모른다.

대학에서 중국어를 공부했고, 특파원 생활을 7년 했고, 중국 대학에서 박사학위도 했다. 지금은 언론사 중국연구소 소장 겸 중국 관련 콘텐츠 기획 회사의 대표로 일하고 있다. 겉으로 보기에는 그럴듯하지만, 중국은 여전히 나의 능력으로는 이해하기 어려운 존재다. 중국은 필자의 나태함을 비웃으며 빠르게 변한다. 그러니 '장님 코끼리 만지기'식의 한계를 느끼지 않을 수 없다.

'전문가'라는 표현보다는 그냥 중국의 변화를 지켜보고 있는 '관찰가(觀察家)'라는 표현이 더 적절해 보인다. 베이징 특파원으로 중국에 간

게 1999년이었으니 중국을 관찰해온 지 어언 20년이 되어간다. '상당한 기간 집중적으로 들여다보았으니 관찰가라는 말은 들어도 되겠다'라는 생각은 든다.

중국 관찰 20년, 변화는 상상을 초월한다. 특파원으로 중국을 만났던 1990년대 말, 베이징 거리에는 여전히 마차가 돌아다니고 있었다. 지금 그 거리는 '디디다처(滴滴打車)'라는 인터넷업체가 장악하고 있다. 특파원 부임 직후 만났던 저장성 이우(義烏)의 한 전동기구 공장 사장은 업종을 자동차 부품으로 바꾸더니 요즘은 비행기 부품 생산이 주력이란다. 그 과정을 온전히 관찰할 수 있었던 건 필자의 행운이었다.

중국에 대해 처음 책을 쓰겠다고 달려든 게 2001년이었다. 중국에서 활동하는 비즈니스맨들의 얘기를 모아 《뉴 차이나, 그들의 속도로 가라》라는 제목의 책을 냈다. 베이징 특파원 2년차에 냈는데, 지금 그 책을 다시 보면 얼굴이 화끈거린다. '무식하면 뵈는 게 없다'는 말 그대로다. 마치 중국을 다 아는 양 영역을 가리지 않고 들쑤신 기록이 활자가 돼 종이에 박혀 있다. 그 후에 낸 책도 별반 다르지 않았으리라.

그나마 다행이라면 주로 남들이 해준 얘기를 기록했다는 것이다. 내

지식이 얕으니 그럴 수밖에 없기도 했지만, 필자는 다른 사람의 말을 경청하는 데는 소질이 있다. 남의 얘기를 듣고 그것을 정갈하게 다듬어 표현하는 데는 조금 자신이 있다. 수많은 전문가들을 만나 그들의 목소리를 책에 담고 기록했다. 그렇게 몇 권의 책을 냈다.

또 책을 낸다. 이번에도 다르지 않으리라. 독자들은 이 책을 통해 필자 주변에 있는 많은 전문가들을 만날 수 있을 것이다. 중국에 대한 바른 시각을 갖는 데 이 책이 조금이라도 도움이 될 수 있기를 바랄 뿐이다.

시진핑 등장 이후 중국은 더 거칠어지고 있다. 편안하지 않은, 위협적인 이웃으로 변할 수도 있다. 그들은 우리가 뭐라 하든 자기들이 세운 목표를 향해 움직여나간다. 그 변화에 어떻게 대응하고, 그 속에서 어떤 기회를 찾아야 할지는 이제 우리 후대의 삶을 결정할 만큼 중요한 사안으로 등장했다. 자칫 중국의 변화를 놓친다면, 언젠가 중국은 이전에 보지 못한 '괴물' 같은 존재로 우리 앞에 나타날 수 있다. 어쩌면 우리는 이미 중국이라는 함정에 빠져들고 있는지도 모른다.

미중 무역전쟁은 우리 기업에 새로운 도전이다. 이 전쟁이 어떻게 끝나든, 중국과 연계된 글로벌 밸류 체인(GVC)은 크게 변하게 되어있다.

대중국(홍콩 포함) 수출의존도가 30%를 넘는 상황에서 자칫 '삐끗'하면 한중 경제협력의 틀이 깨질 수도 있다.

함정은 깊다. 한 번 빠지기라도 한다면 헤어나오기란 불가능하다. 지금도 그 늪에 빠져 허우적거리는 기업이 한둘이 아니다. 함정은 넓다. '사드 사태' 이후 점점 더 많은 기업이 그 함정에 빨려들었다. 다 털리고 철수하는 기업도 나온다. 이전에는 경험하지 못한 '정치 리스크'가 한국 기업의 중국 비즈니스를 몰락의 길로 내몰기도 한다. '중국은 우리 기업의 무덤'이라는 얘기가 자꾸 나온다.

그렇다고 우리가 중국이라는 나라와 등지고 살 수는 없다. 정치와 경제 모든 면에서 중국은 우리와 무관할 수 없는 상대이고, 협력하며 살아가야 할 이웃이다. 이웃이 싫다고 땅덩이를 다른 곳으로 옮길 수는 없지 않은가. 그래서 더욱더 관찰하고, 연구하고, 공부해야 한다. '장님 중국 만지기'가 될 줄 알면서도 또다시 책을 내는 이유다.

한우덕

차례

2부 뉴노멀_New Normal

3부 도전_Challenge

4부 중국의 길, 한국의 길
_Which Way China? Which Way Korea?

프롤로그 1

심판이 공도 차는 시스템

대학에서 중국어를 전공한 친구의 딸은 졸업 1년여 만인 2016년 말 국내의 한 대형 면세점에 취직했다. "취업 전쟁에서 살아남았다"며 웃던 밝은 얼굴이 기억에 생생하다. 그러나 그 아이는 출근하지 못했다. '사드(THAAD, 고고도미사일방어시스템)' 때문이었다. 합격자 발표까지 했던 회사는 "일단 상황을 봐가며 출근 날짜를 통보해주겠다"고 했지만 소식이 없었다. 중국어 특기자의 일자리가 필요 없어진 것이다. 사드는 그렇게 사회 초년생에게 좌절을 안겼다. 사드가 할퀸 상처는 이곳저곳 깊기만 하다.

사드 사태를 지켜보면서 많은 사람들은 '중국의 민낯을 봤다'고 분개했다. 중국에 진출한 롯데마트 매장이 하루아침에 문을 닫는 것을 보고 놀라고, 일사불란하게 진행되는 한국 문화 규제(금한령)를 보면서 공포감을 느끼기도 했다.

'도대체 중국이라는 나라는 어떻게 움직이는가?'

이 책이 던지는 첫 번째 화두다. 기억을 더듬어보자. 양제츠 중국 외교담당 정치국 위원이 2018년 3월 30일 청와대를 방문해 문재인 대통령을 만났다. 그날 그 자리에서 양 위원은 문 대통령에게 '믿어달라'고 했다. 단체관광 제한 등 그동안 사드를 이유로 시행됐던 제재조치를 풀겠다며 한 말이란다.

그런데 의문이 생긴다. 중국의 누구를, 중국의 무엇을 믿어달라는 얘긴가. 중국 소비자? 정부? 아니면 공산당? 이 문제는 중국의 정치·경제 시스템을 이해할 수 있는 중요한 단서를 제공한다. 정부와 시장의 역학관계 말이다.

설마 소비자를 믿어달라고 말한 건 아닐 것이다. 중국은 이미 여러 차례 '사드 제재는 소비자들이 스스로 알아서 하는 것이며, 정부의 정책과는 아무런 관련이 없다'고 주장해왔기 때문이다. 그렇다면 정부? 맞다. 정부다. '정부가 나서서 문제를 해결할 테니 믿어달라'는 얘기로 들린다. 그동안 '시장이 알아서 하는 일'이라고 방관하던 중국 정부가 이제는 알아서 처리하겠다고 나선 모습이다. 자기모순이다.

중국은 '당-국가 시스템'의 나라다. 공산당이 국가의 모든 기구를 장악한다. 정부도 당의 정책을 수행하는 기구일 뿐이다. 양제츠의 발언은 결국 당이 나서서 문제를 해결하겠다는 뜻이기도 하다. 그동안 자기네가 아니고 시장이 알아서 한 일이라고 주장해왔던 당(정부)이 '내가 하면 다 돼. 나를 믿어봐'라고 얼굴을 바꾼 것이다.

중국은 그런 나라다. 겉으로는 시장경제 체제로 움직이는 듯하지만 속으로 들어가 보면 국가가 시장에 '보이는 손(visible hand)'을 휘두른다. 양제츠 위원의 '믿어달라'라는 발언은 그 역학관계를 보여준 것이다.

축구에 비하자면 '심판이 공도 차는' 꼴이다. 심판은 경기를 관리하는 존재다. 경기가 과열되면 선수들을 진정시키고, 반칙하면 옐로카드를 내민다. 서방의 경제시스템에서 국가의 역할이 그렇다. 그러나 중국에서는 심판이 자기가 원하는 쪽으로 공을 슬쩍 차준다. 심지어 주장 행세도 한다. 국가가 경제에 직접 관여하는 '국가자본주의(state capitalism)'시스템이다.

이런 모습은 시진핑 2기 체제에 들어서면서 더 뚜렷해지고 있다. 시진핑은 새로운 당(黨) 건설을 내세운다. 당, 즉 국가가 정치 · 경제 · 사회 등에 대한 장악력을 높여야 한다고 말한다. 국가의 시장 개입은 더 폭넓게 용인된다. 월스트리트저널의 표현에 따르면 '빅 핸드(big hand)'

가 시장을 장악하고 있다.

사례는 많다. 홍콩 사우스차이나모닝포스트(SCMP) 보도(2018. 1. 16)에 따르면 중국 정부는 2017년 10월부터 알리바바를 비롯해 텐센트, 바이두 등 IT기업의 계열사 지분을 1%씩 확보하는 방안을 추진해왔다. 타깃은 이사회 의석이다. 이사회 발언을 통해 IT기업에 대한 통제를 강화하고 장악력을 높이기 위해서다.

베이징에서 만난 칭화대학 A교수는 "BAT(바이두, 알리바바, 텐센트)뿐만 아니라 중소 IT기업에도 공산당 조직이 설립되고 있다"며 "IT업체들은 지금 정부 눈치를 봐야 할 처지"라고 상황을 전했다.

인터넷 분야는 민영 경제를 대표한다. 그동안 민영 부문은 중국 경제 성장의 견인차 역할을 해왔다. 성장의 허파 같은 존재인 인터넷 기업들이 통제권 밖으로 벗어날 조짐을 보이자 권력이 여지없이 나타나 빅 핸드를 휘두르고 있다.

권력의 눈밖에 나면 아무리 큰 기업이라도 단번에 훅 갈 수 있다. '태자당(太子黨. 고위 지도자의 자제 그룹) 관시'를 바탕으로 공격적인 해외 투자를 펼쳐왔던 안방(安邦)보험은 경영권이 박탈됐다. 항공업계에서 시작해 해외 M&A로 몸집을 키우던 하이난항공(HNA)그룹도 직원

10만 명을 잘라야 하는 고통을 겪고 있다. 무리한 해외 인수가 화근이었지만, 그들을 응징한 것은 시장의 힘이 아니라 '정부의 주먹'이었다.

이런 와중에도 저장성의 민영 자동차회사인 지리(吉利)는 2018년 2월 다임러의 지분 9.69%(약 90억 달러)를 인수하는 등 해외 자산 인수에 광폭 행진을 이어가고 있다. 상하이의 푸싱(復興)그룹은 같은 달 프랑스의 명품 브랜드 '랑방(Lanvin)'을 손에 넣었다.

왜 누구는 되고, 누구는 안 되는가? 베이징의 한 투자회사에서 일하고 있는 경제분석가 우(吳) 선생은 "저장성의 지리와 상하이의 푸싱은 시진핑 주석이 정치적 기반을 다져온 지방의 기업"이라며 "지금은 '권력의 눈밖에 나면 죽음'이라는 말이 나올 정도로 눈치를 봐야 할 상황"이라고 말했다.

자연히 민영 기업들은 몸을 낮출 수밖에 없다. 알리바바를 이끌고 있는 마윈(馬雲)은 "공산당이 지금의 번영을 이끌었다"라며 당을 찬양하고 있다. 충성 맹세로 들린다. 실리콘밸리를 능가할 정도로 창업 열풍이 불고 있는 선전에도 '초심을 잊지 말고 우리의 사명을 명심하자(不忘初心, 牢記使命)'는 등의 정치 구호가 IT회사 담벼락에 걸려 있다.

국가 권력이 민영 부문을 더욱 통제하는 지금의 정치경제 구도는 경제에 악영향을 미칠 것이라는 주장이 제기된다. 데이비드 샴보 브루킹스연구소 선임연구원은 "국가의 통제와 간섭은 민간의 혁신 역량을 위축시켜 결국 경제성장을 위협할 것"이라고 말한다. 민간의 성장동력이 위축되면서 국가가 다시 인위적인 성장정책을 쓰게 되고, 결국 경제 왜곡만 심화시킬 뿐이라는 주장이다. 중국의 미래에 비교적 낙관적 태도를 보였던 그는 지금 비관론자로 바뀌었다.

실제로 그랬다. 중국은 1978년 개혁개방 추진 이후 권력을 민간에 이양하는 과정에서 성장의 동력을 확보했다. 중앙 권력이 강화될(收) 때보다 이양될(放) 때 경제가 더 안정적으로 성장했다. 특히 후진타오 주석 제1기(2003~2007년) 때에는 WTO(세계무역기구)에 가입하면서 자유주의 사조가 풍미했다. 민간으로의 권력 하방이 뚜렷한 시기였다. 중국 경제가 가장 호황을 누린 시기이기도 하다. 시진핑은 지금 그 분위기를 역행하고 있다. 시진핑의 권력 집중화가 경제에 어떤 영향을 미칠지 지켜볼 일이다.

국가와 시장의 관계를 서방이 아닌 중국의 시각으로 봐야 한다는 분석도 있다. 둘의 관계를 대립적이 아닌 보완 관계로 인식하는 중국의 사유를 이해해야 최근의 움직임을 제대로 읽을 수 있다는 얘기다. 전인갑 서강대 역사학과 교수는 “2100년 전 사마천이 쓴 《사기》에도 시장이 언급되어 있다”며 “역사적으로 중국에는 시장이 존재하지 않은 때가 없었고, 경제를 유지해나가는 가장 큰 힘이었다”라고 말한다. “시장은 경제 운용의 한 수단에 불과하다”는 덩샤오핑의 발언과 같은 맥락이다.

“시장은 국가 권력과 분리될 수 없는 관계였다. 국가가 시장을 통제하고 사회를 관리하면서 중국이라는 대일통(大一統)의 국면을 만들어 내고, 인민들에게 먹고살 기반을 제공해왔다. 그게 중국에서 시장과 국가의 관계였다.” (전인갑 교수)

그런 면에서 보면 중국 정부의 한 대표가 텐센트의 이사회에 참여하고 안방보험의 경영을 책임지는 것이 이해된다. ‘믿어달라’는 양제츠 위원의 발언도 여기에 근거한다. 중국에서 시장은 국가의 지도와 보호를 받는 존재일 뿐이다. 국가의 이익에 복속해야 하고, 국가는 자원을 빼갈 수 있다. 심판이 공을 슬쩍슬쩍 차주는 시스템하에서는 말이다.

합격했으되 출근하지 못한 친구의 딸은 1년 반 정도 지난 2018년 5월에도 취준생 생활을 이어가고 있다. 가끔 회사에 전화를 걸어 묻는단다. “혹시 출근 날짜가 결정됐느냐?”라고 말이다. 그에게 ‘중국 심판’은 냉혹하기만 한 존재다.

프롤로그 2

중국, 축복인가 재앙인가

'중국, 우리 경제에 축복인가? 재앙인가?'

이 책의 두 번째 화두다. 중국은 우리 수출의 약 32%(홍콩 포함)를 받아주는 최대 시장이다.(2017년 기준) 2, 3, 4, 5위인 미국, 베트남, 일본, 호주를 합친 것보다 많다. 외형으로 보면 분명 축복이라고 할 수 있다. 그런데 산업 내부로 들어가 보면 '중국 때문에 안 돼'라는 분위기가 점점 확산되고 있다. 중국 정부의 고의적인 한국 때리기에 실망하고, 그들의 기술 추격에 쫓기고, 중국 소비자에게 외면당해 보따리를 싸는 기업도 많다. 그렇게 중국은 축복과 재앙의 두 얼굴로 우리 앞에 서 있다.

중국과 수교한 게 1992년 8월이다. 이후 중국은 우리 경제에 축복 같은 존재였다. 많은 한국 기업들이 중국으로 공장을 옮겼고, 우리의 기술과 자본이 중국 시장에서 꽃을 피웠다. 한국에서 부품을 만들어 중국에 수출하고, 중국에 진출한 공장에서 조립해 미국 등에 수출하는 모델이 자리 잡았다. 덕택에 우리는 1997년 아시아 금융위기, 2008년 세계 금융위기를 넘길 수 있는 힘을 중국에서 찾았다.

그러나 지금의 중국은 우리에게 마냥 축복만 주는 존재가 아니다. 서울 한복판에서 "중국은 축복이다!"라고 말했다가는 돌멩이 맞기 십상이다. 오히려 재앙을 안겨주는 존재로 변하고 있다. '사드 사태'는 그 극단이었다. 중국은 사드 배치를 이유로 한국 경제를 공격했다. 중국에서 한국 브랜드는 잊혀지는 중이다.

그러나 사드만 탓할 수는 없다. 우리 기업들은 이미 오래전부터 중국 시장에서 밀려나고 있었다. 특별히 못해서가 아니다. 중국 기업들의 추격이 너무 빨라서였다. 한때 중국 스마트폰시장의 20%를 점유했던 삼성폰은 10분의 1 수준으로 추락했다. 현대자동차의 시장점유율도 사드를 거치면서 반토막 났다. 중국 기업과 브랜드의 약진 때문이다. 가전과 기계 등은 추월당한 지 오래고 철강, 조선, 화공, 심지어 자동차도 위험하다. 그동안 우리 경제에 긍정적 영향을 주었던 중국이 경쟁 상대, 아니 위협의 존재로 돌변했다.

도대체 무엇이 문제인가? 어디부터 손을 대야 하는가?

이 문제를 풀려면 먼저 중국 경제에서 어떤 일이 벌어지고 있는지를 파악해야 한다. 지금 중국 산업계에서는 '3가지 생산 통합' 현상이 벌어지고 있다. 이 움직임에 적절히 대응하지 못한다면 우리 경제는 큰 위기에 직면할 수 있다.

첫째는 '생산의 국내 통합'이다.

중국은 그동안 제품 생산에 필요한 고기술의 핵심 부품을 한국, 일본, 대만 등에서 수입해 조립, 수출하는 산업 구조를 갖고 있었다. 주변국과 생산을 공유(production sharing)한 것이다. 그러나 기술 수준이 높아진 지금 그들은 해외에서 조달하던 부품을 국내에서 생산하겠다고 나서고 있다. 아시아 주변국에 흩어져 있는 부품 제조 공정을 중국 내부에 통합하겠다는 것이다. '홍색 공급망(Red Supply Chain)'이라는 말이 그래서 나왔다.

우리 기업들이 중국에서 밀려나는 이유가 바로 여기에 있다. 중국 안에서 모든 공급 과정이 완결되다 보니 한국 제품이 중국이라는 '세계 공장'의 서플라이체인에서 배제되는 것이다. 한국에서 부품을 생산하고, 중국에서 완성품을 만들고, 그리고 다시 미국으로 수출하는 모델이 깨지고 있다.

이제 한국 기업은 중국으로 가야 할지, 아니면 그냥 멀어질지의 기로에 서 있다. 기술이 있다면 그 공급망 속으로 끼어들 수 있을 것이요, 어정쩡한 제조 능력이라면 중국 시장은 그림의 떡일 뿐이다.

둘째는 '생산과 시장의 통합'이다.

중국 기업은 그동안 생산은 중국에서 하고, 판매는 미국이나 유럽연합(EU) 등에 의존해왔다. 그러나 내수시장이 확대되면서 생산도 중국에서 하고, 소비도 중국에서 한다. 정부는 수출과 투자에 의존한 성장 패턴을 소비 중심으로 바꾸겠다는 '좐볜(轉變)정책'을 추진하고, 기업들은 자국(중국) 시장을 겨냥한 전략을 내놓고 있다. 중국 거리에 나가보면 중국 내수시장의 규모를 금방 알 수 있다. 2017년 중국에서 팔린 자동차는 약 2,888만 대. 우리나라 도로에서 굴러다니는 전체 자동차 대수(2017년 말 2,253만 대)보다 많다. 그 시장을 먹기 위해 중국 국내외 자동차 업체가 사활을 건 질주를 하고 있다. 화장품시장도 그렇다. 중국의 직장 여성들이 우리나라 대학생들처럼 화장을 할 경우 시장은 폭발적으로 성장할 수밖에 없다. 그렇게 중국은 '세계 공장'에서 '세계 백화점'으로 탈바꿈하고 있다.

우리에게는 기회다. 커가는 중국 내수시장을 향한 시장 전략을 짜야 한다. 그냥 주어지는 떡은 아니다. 시장이 커지는 만큼 경쟁도 치열할 것이기 때문이다. 외국 제품뿐 아니라 중국 제품과도 경쟁해야 한다. 시장 전략을 더 세밀하게 짜야 하는 이유다.

중국은 이제 '어떻게 하면 싸게 만들 것인가'를 연구해야 하는 나라가 아니라 '어떻게 하면 비싸게 팔 것인가'를 고민해야 하는 시장이 됐다.

셋째는 '생산과 모바일의 통합'이다.

중국에서는 지금 모바일혁명이 벌어지고 있다. 알리바바가 일으킨 전자상거래 붐이 유통 구조를 근본적으로 바꾸고 있다. 모바일에서 시작된 혁신의 물결은 5G 통신, AI(인공지능), IoT(사물인터넷), 자율주행차 등 소위 4차 산업혁명 분야로 빠르게 확산되고 있다. 정부가 '대중창업 만중혁신(大衆創業 萬衆創新)'을 부르짖자 전역에서 창업 붐이 일고 있다. 화웨이, ZTE 등 통신 분야의 선두 기업들은 5G의 글로벌 스탠더드를 리드하겠다고 달려든다. 중국의 막강한 생산력이 인터넷 모바일 조류에 잘 적응하면서 산업이 바뀌고 있다.

우리가 그동안 중국에 대해 목소리를 낼 수 있었던 건 기술이 앞섰기 때문이다. 기술이 있으니 중국 기업들이 합작하자고 달려들고, 중국에 가면 대접도 받았다. 기술이 뒤처진 한국 기업에 손을 내밀 중국 기업은 없을 것이다. 더 나은 기술이 없는 기업의 직원이라면 중국에 출장

갈 때 자존심 구길 각오를 해야 한다. 어떻게 해서든 물량을 따오라는 사장의 지시를 따르려면 중국 기업의 '갑질'을 온몸으로 감내해야 할 것이기 때문이다.

어떻게 해야 하나? 위에서 말한 '3통합' 현상을 이해하고, 적응하고, 극복하는 수밖에 달리 방도가 없다.

우선 한중 간 산업 분업시스템을 복원해야 한다. 1992년 수교 이후 우리 경제는 중국의 성장 과실을 함께 누렸다. 그 구조를 되살려야 한다는 것이다. 핵심은 제조 능력 강화다. 중국 기업이 한국의 기술과 공정 노하우를 탐내도록 우리의 경쟁력을 강화해야 한다. 중국은 한국이 아니다 싶으면 다른 나라 기업을 파트너로 선택하면 그만이다. 중국과의 윈윈 구조 형성은 오로지 우리 몫이다. 중국이 하청공장 수준을 넘어 고부가가치의 공장으로 성장한다면, 대한민국은 그 공장에 기술을 제공하는 R&D(연구개발)센터가 돼야 한다. 여전히 한국은 중국 수입시장 점유율 1위의 나라다. 중국의 서플라이체인 속 구멍을 찾아내고 적극적으로 파고든다면 기회는 아직 널려 있다. 우리는 스마트 상품의 서플라이어가 돼야 한다.

핵심은 기술이다. 기술만이 중국의 정치·경제적 리스크를 극복할 수 있게 해주는 힘이다. 기술에 지면 단지 거기에서 끝나는 게 아니라 심리적 투항으로도 이어질 수 있다. 정치·외교적인 예속도 따지고 보면 기술에서 시작된다. 기술력을 바탕으로 중국 서플라이체인의 맥을 잡고 있어야 한다.

시장에서 답을 찾아야 한다. 중국 내수시장은 크다. 틈새도 열려 있다. 중국의 시장 변화에 한발 앞서 대응한다면 제2의 중국 붐도 기대할 수 있다. 중국 시장에서는 지금 1990년대 이후 출생자가 구매를 주도하고 있고, 전체 거래의 14%가 인터넷을 통해 이뤄질 만큼 유통혁명이 일어나고 있다. 화장품, 의료제품, 생활용품 등에 대한 수요가 새로운 차원으로 발전하고 있다. 필자가 미래 먹거리로 S·O·F·T·C·H·I·N·A를 제안하는 것도 이 때문이다. Style(패션), O2O(인터넷 모바일), Film(영화 & 드라마), Tour(관광), Cosmetic(화장품), Health(의료 건강), Infant(유아), eNtertainment(엔터테인먼트), Agri-(농산물) 등에 새로운 기회가 있다는 판단에서다.

알리바바의 마윈이 시동을 건 중국의 인터넷 모바일혁명은 우리에게도 기회다. 그간 중국에서 우리 제품(서비스)의 가장 큰 장벽은 유통망이었다. 맵시 있는 브랜드를 인터넷에 얹어 유통한다면 해볼 만하다.

4차 산업혁명의 영역은 중국과 진검승부를 벌여야 할 분야다. 한국도, 중국도 이제 막 시작하는 단계이기에 누가 앞섰다, 뒤졌다를 말할 수 있는 시점이 아니다. 치고 나가야 한다. 과감하게 규제를 풀어 중국이 만들 수 없는 제품이나 서비스를 개발해야 한다. 이 영역에서마저 밀린다면 대중국 경제협력의 미래는 없다.

돌이켜보면 우리는 그동안 중국의 추격에 경계심을 갖고 스스로 채찍질을 해왔다. '중국에 밀리면 우리 경제는 끝'이라는 위기의식이 우리 산업을 더 단련시킨 측면도 있다. 지금도 다르지 않을 것이다. 중국의 경제, 산업이 많이 강해졌다고는 하나 곳곳에 틈새가 있고, 구멍이 있다. 중국 기업이 급속하게 큰 것은 사실이지만 우리 기업 역시 많은 분야에서 간단치 않은 경쟁력을 갖고 있다. 중국의 변화에 능동적으로 대처한다면, 재앙을 걱정하기보다는 자강(自强)책 마련에 집중한다면 중국은 여전히 우리의 기회다. 그러나 자강하지 않는다면? 중국은 우리에게 '재앙'일 뿐이다.

1부

함정_TRAP

용병이란 적을 기만함으로써 성립한다. 이로움(利)으로 꼬여 적을 움직이게 하고, 병력을 분산하거나 집중시켜 변화를 만든다. 병력의 기동은 빠르기가 광풍과 같고, 고요함은 숲속과 같고, 공격할 때에는 불과 같아야 한다. '우직지계(迂直之計. 가까운 길을 곧게만 가는 것이 아니라 돌아갈 줄도 아는 지혜)'를 먼저 아는 장수가 승리하니 이것이 군쟁의 방법이다.

-《손자병법》

중국은 왜 갤럭시를 버렸나?

_삼성폰의 중국 시장점유율이 폭락한 근본 이유

삼성 핸드폰 '갤럭시'는 중국 시장에서 통하는 대표적 한국 브랜드다. 1990년대 말 시작된 '애니콜 신화' 이후 줄곧 중국의 핸드폰시장을 주도해왔다. 한때 20%대 시장점유율을 자랑했다. 그러나 2018년 상반기에는 0%대로 주저앉고 말았다. '갤럭시의 굴욕'이다. 또 다른 한국의 대표 브랜드 '셴다(現代)자동차' 역시 흔들리고 있기는 마찬가지다. 사드 사태로 인해 급락한 시장점유율은 생각만큼 회복이 쉽지 않은 실정이다.

한국 브랜드의 추락 이유를 사드 배치에 따른 갈등 때문만으로 치부할 수 있을까? 현장에서 문제를 찾아보자.

중국 베이징의 대기업 주재원 김 과장은 최근 인터넷에서 선글라스를 하나 샀다. 그런데 물건을 알리바바의 타오바오(淘寶)도, 징둥(京

東)의 JD닷컴도 아닌 샤오미(小米)의 전자상거래사이트 '유핀(有品, youpin.mi.com)'에서 주문했다.

샤오미가 인터넷쇼핑몰을 운영한다고? 맞다. 우리가 아는 그 샤오미가 2017년 4월부터 전자상거래사이트를 오픈해 운영 중이다. 그곳에서 선글라스 가격은 199위안, 우리 돈으로 약 38,000원이다.

"서울 남대문시장에서 아무리 싸게 사더라도 아마 5만 원은 넘을 겁니다. 디자인과 품질도 마음에 듭니다. 요즘 중국 젊은이들 사이에서 가장 인기 있는 인터넷쇼핑사이트 중 하나가 바로 유핀입니다."

김 과장의 말이다. 유핀은 샤오미 생태계의 터전이다. 샤오미가 직접 만든 제품은 물론 투자 또는 브랜드 제휴로 연결된 기업의 상품 등이 그 밭에서 자라고 있다. 김 과장은 "유핀에서는 플랫폼만 제공하는 알리바바의 타오바오와 달리 샤오미가 제품 선별을 해주니 믿고 살 수 있는 게 장점"이라고 말했다.

그렇다면 샤오미는 어떤 기준으로 제품을 선정하며, 투자 또는 브랜드 제휴는 무슨 잣대로 맺는 걸까? 답은 하나다. 바로 가성비(중국어로는 싱자비, 性價比)다. 가격은 비싸지 않으면서 품질이 좋고 디자인이 예쁜 제품만을 골라 유핀에 올려놓는다. 그게 샤오미의 일관된 경영 원칙이다. 김 과장이 산 선글라스의 테도 한국 대구에서 만든 것이었다. 그렇게 샤오미는 가성비 높은 제품을 찾아 나선다.

샤오미가 중국의 소비 패턴을 브랜드 중심에서 가성비 위주로 바꾼 것인지, 아니면 가성비를 중시하는 중국의 소비 흐름에 잘 적응한 것인지는 판단하기 어렵다. 다만 분명한 것은 중국에서 젊은 소비세대의 등

광둥성 선전의 전자상가인 화창베이의 핸드폰 매장.
이곳에서 삼성 핸드폰은 수많은 브랜드 중의 하나다.

장과 함께 '브랜드 맹신주의'가 사라지고 있다는 점이다.

한때 중국인들은 외국 브랜드라면 사족을 못 쓰는 모습을 보였다. 외국의 명품 상점 앞은 장사진이 연출되기 일쑤였다. 그러나 옛날얘기다. 컨설팅회사 맥킨지가 2017년 말 공개한 〈2018년 중국 소비자들의 소비 성향 보고서〉는 중국의 변화상을 잘 보여준다. 17개 소비 품목을 대상으로 로컬(중국) 브랜드와 외국 브랜드의 선호도를 조사한 결과, 해외 브랜드의 선호 비중이 높았던 건 와인과 분유에 불과했다. 중국 소비자들이 해외 브랜드라고 무턱대고 좋아하던 그런 시기는 지났다는 얘기다.

한국 기업이 큰 관심을 두고 있는 색조 화장품의 경우에도 로컬 브랜드와 해외 브랜드의 선호도는 각각 51:49로 역전됐다. 우리나라 화장품 브랜드가 긴장해야 할 이유다. 대형 가전제품과 개인 전자제품, 보습 화장품 등도 국내외 브랜드가 치열한 선호도 경쟁을 벌이고 있는 분야다.

실제 시장점유율을 보면 해외 브랜드가 로컬 브랜드에 점점 밀리는 양상이다. 개인 디지털용품의 경우 전체 시장에서 해외 브랜드가 차지하는 비중은 2012년 63%에서 2017년 43%로 낮아졌다. 스마트폰도 그중 하나다. 개인 보건용품의 경우 로컬 브랜드의 비중이 2012년 61%에서 2017년 76%로 높아졌다.

화장품협회가 서울 여의도에서 개최한 세미나에 참석한 황민자 중국 쑤저우페이아이 부사장은 "젊은 세대, 특히 90년대 이후 출생한 세대(90後)가 소비시장의 주류로 등장하면서 가성비를 중시하는 소비 패턴이 확고하게 자리 잡았다"고 말한다. "해외 유명 브랜드라고 콧대 세우다가는 중국 시장에서 쪽박 차기 십상"이라는 설명이다.

"우리나라 브랜드 중에서 중국에서 가장 오랫동안 소비자의 사랑을 받아온 제품 중 하나가 바로 '하오리유파이(好麗友派)'라는 브랜드로 판매되는 오리온 초코파이입니다. 그러나 많은 중국인은 이 브랜드가 한국에서 온 것인지 모릅니다. 단지 싸고 맛있으니 살 뿐입니다. 어느 중국 기업도 그 가격에 더 맛있는 파이를 만들 수 없습니다. 그게 오리온 초코파이의 롱런 이유입니다." (황재원 코트라 동북아사업단 단장)

중국 소비시장은 지난 수년 동안 혁명적 변화를 겪어왔다. 지금은 단순한 개방식 전자상거래를 넘어 제조와 유통이 묶이는 방식의 생태계가 형성되고 있다. 샤오미의 유핀, 왕이(网易)의 옌쉬안(嚴選) 등이 대표적이다. 이 생태계에 끼어들 수 있느냐에 따라 중국 시장 진입 여부가 결정될 수 있는 것이다.

이런 변화를 가능하게 하는 저변의 큰 흐름이 바로 가성비 중심의 소

'삼성 노트7 휴대 금지'. 2017년 3월 광저우공항 게이트 사진이다.
당시 중국의 모든 공항에 등장한 이 문구로 인해 갤럭시의 이미지는 실추됐다.

비 패턴이었던 것이다. 중국 소비자들은 이제 로컬 브랜드냐, 해외 브랜드냐를 따지기보다 얼마나 실속 있느냐를 더 강조한다.

"삼성 핸드폰은 사드 갈등이나 노트7 발화 사태와 같은 악재가 발생하기 이전에도 이미 중국 시장에서 로컬 폰에 강한 압박을 받는 처지였습니다. 중국 소비자들이 가성비에 눈을 뜨면서 중저가 폰이 약진했고, 그 흐름에 적응하지 못하면서 뒤처지기 시작한 겁니다. 현대자동차의 부진 이유도 마찬가지입니다. '품질은 10% 정도 차이 나지만 값은 30%나 비싼데, 누가 현대차를 사냐?'라는 인식이 시장에 널리 퍼지고 있었습니다." (황민자 부사장)

주요 전자상거래사이트인 JD닷컴에서 갤럭시8은 4,999위안(약 84만 5,000원) 수준이다(2018년 5월 25일 기준). 반면 무섭게 치고 올라오고 있는로컬 브랜드인 '오포'의 최고 사양(R11s) 제품은 2,799위안(약 47만 3,000원)에 팔린다. 약 37만 2,000원 차이다.

"오포 핸드폰을 써보면 기능상 별로 차이가 없어요. 디자인도 많이 좋아졌고요. 중국 기업들은 치열한 경쟁을 통해 품질을 따라잡으면서도 가격은 묶어두는 비결을 터득했거든요. 갤럭시8과 오포 R11s의 품질을 비교하면 어느 정도 차이가 있겠지만, 37만 원을 포기할 정도는 아니라고 봅니다. 알량한 기술, 브랜드 우월감에 젖어 있다가는 시장에서 쫓겨날 수도 있습니다."

베이징에서 중저가 화장품 브랜드 '카라카라'를 운영하는 이춘우 대표는 "3, 4년 전부터 회사 여직원들 사이에 삼성폰이 하나둘씩 사라지기 시작했다"며 이같이 말했다. "중국 시장에서 최후의 승자는 결국 치열한 가격 싸움에서 이기는 회사가 될 것"이라는 게 1990년대 말 이후 중국 시장을 관찰해온 이 대표의 지론이다.

중국인들은 삼성폰의 추락에 대해 어떻게 생각하고 있을까? 중국의 뉴스전문 사이트인 '오늘의 헤드라인(今日頭條)'에 올라온 분석 글은 이 질문에 대한 답을 준다. '중국인들이 삼성폰에 던지는 쓴소리'라는 제목으로 소개된 그들의 '쓴소리'는 이렇다.

첫째, 중국산 스마트폰의 경쟁력이 로켓 상승했다. 화웨이 등 중국 스마트폰 제조사의 기술적 추격은 2014년 변곡점을 맞았다. 반등의 시작이었다. 로컬 메이커들은 기술 격차를 좁혔고, 판매량을 늘려나갔다. 이들 '메이드 인 차이나폰'이 잠식한 시장이 바로 삼성폰 영역이었다.

삼성의 시장 지위에 가장 큰 타격을 입힌 중국 제조사는 화웨이였다. 삼성이 차지하고 있던 고급 브랜드 이미지를 화웨이는 빠르게 파고들어 대체해나갔다. 친숙한 자국 브랜드의 약진으로 삼성 브랜드는 중국 소비자들의 뇌리에서 차츰 잊혔다.

둘째, 현지 맞춤형 제품을 공급하지 못했다. 삼성폰의 중문 OS는 최적화되지 못했다. "다른 폰은 1년 정도 쓰면 속도에 문제가 생겼는데 삼성폰은 불과 6개월 만에 버벅대기 시작했다"는 소비자들의 야유를 받곤 했다. 또 삼성폰의 시스템 기능과 편의성은 중국인들의 사용 습관에 맞지 않는다는 평가가 많다. 중국 유저를 겨냥한 소소한 기능들이 화웨이나 오포 등에 비해 떨어졌다.

2016년 갤럭시 S7이 나오면서야 개선되기 시작했지만, 이미 늦었다. 오포나 비보(Vivo)는 이미 매장 영업에 대한 장악력을 높였고, 잠재적 소비자들의 요구를 발굴하며 타겟 마케팅을 벌이기 시작했다. 삼성은 이 점에서 취약점을 노출했다.

셋째, AI 시대에 낙후됐다. 애플이나 화웨이는 적극적으로 AI 시대에 뛰어들고 있다. 마이크로칩이나 애플리케이션, AI 생태계 등 다방면에서 역점 사업으로 진행하고 있다. 상대적으로 삼성은 적극적이지 않은 부류에 속한다. 삼성은 AI 전용 마이크로칩 개발이나 AI 앱 생태계 조성에 치밀하지 못하다.

넷째, 위기 대처에 허점을 보였다. 2016년 8월 노트7의 배터리 폭발 사고로 유럽 시장에선 모든 제품의 리콜을 단행했다. 이어 9월 2일 글로벌 시장을 대상으로 리콜을 실시했다. 한국을 비롯해 미국·호주 등 10개 국가와 지역에서 250만 개의 스마트폰이 수거됐다. 그런데 중국은 빠졌다.

이후 중국에서도 연이어 폭발 사고가 발생했다. 삼성의 해명은 외부가열 때문이라는 것이었다. 중국 소비자는 불만을 터뜨렸고, 삼성은 중국 시장의 함정에서 빠져나올 수 있는 마지막 지푸라기마저 상실했다고 볼 수 있다.

그들의 '쓴소리'가 다 맞는 건 아닐 수 있다. 삼성폰의 기술적 우위를 폄하하는 것도 아니다. 다만 중국 소비자들이 그렇게 생각하고 있다는 게 중요할 뿐이다. 시장을 되찾기 위해서는 그들이 갤럭시를 버린 이유를 알아야 하기 때문이다. 삼성의 중국 현장 직원들이야 "모든 게 사드 때문이야"라고 변명하고 싶겠지만, 사드 이전에 이미 우리의 대표 브랜드는 그 기반이 허물어지고 있었다.

갤럭시의 추락은 단순히 삼성폰에서 끝나지 않는다. 한국 대표 브랜드가 중국에서 외면당하고 있다는 것은 곧 '한국'이라는 브랜드가 중국 시장에서 잊혀지고 있다는 걸 의미하기 때문이다. 갤럭시의 부활을 소망하는 이유다.

브레이크 걸린 '셴다이 스피드'

_현대차의 승부수는 통할 것인가?

'셴다이(現代)스피드'. 한때 중국 자동차 업계에서 유행하던 말이다. 현대자동차 중국 비즈니스의 쾌속 질주를 빗댄 신조어다. 정말 빨랐다. 2002년 말 베이징 외곽 순이(順義)에 부지를 잡더니 중국 진출 완성차 업체 중 최단 기간에 공장을 건설했다. 63개월(약 5년 2개월) 만에 누적 생산·판매 100만 대를 달성했고, 2012년 제3공장 준공으로 연산 100만 대 시대를 열었다. 상하이WV이 25년, 이치(一氣)WV이 20년 걸린 걸 현대차는 10년 만에 이뤄냈다. '셴다이 스피드'라는 말에는 한국 제조업의 자부심이 담겨 있었다.

급브레이크가 걸린 건 투자 15년 만인 2017년이었다. 우리는 그 이유를 안다. 2016년 하반기부터 시작된 '사드 파문'의 직격탄을 맞은 것

2017 상하이 모터쇼. 중국은 베이징과 상하이에서 번갈아가며 국가급 모터쇼를 연다.
인산인해, 관중이 몰려도 전시장이 워낙 커 복잡하다는 생각은 안 든다.
모터쇼 자체가 중국 경제의 성장을 보여준다.

이다. 추락 역시 '셴다이 스피드'였다. 한때 9%에 육박했던 중국 시장점유율(기아차 포함)은 2017년 4.6%로 반 토막이 났다. 문제는 회복 속도가 예상보다 더디다는 데 있다. 2018년 들어 대대적인 할인 행사를 벌였음에도 고전을 면치 못하고 있다. '할인 행사를 해야 팔리는 브랜드'라는 인식이 생길 정도다.

'셴다이 스피드', 여기가 종착점인가? 재도약의 기회는 없는가? 2017년 4월 상하이 훙차오(虹橋)공항 근처 국가컨벤션센터에서 열린 '상하이 모터쇼'로 가는 길에 떠오른 생각이다.

현대차는 4호관에 합자사인 베이징자동차(北汽)와 나란히 자리 잡고 있었다. 현장에서 만난 현대차 관계자는 "SUV가 핵심"이라고 말했다. 그는 "중국 소비자를 겨냥한 맞춤형 SUV차량인 '신이다이(新一代) ix35'를 핵심 전략무기로 내세웠다"라고 강조했다.

이해가 간다. SUV차량이 중국 전체 승용차 판매에서 차지하는 비중은 2년여 전까지만 해도 20% 이내였지만 지금은 약 40%를 차지한다. 2016년 일반 승용차의 판매량은 전년 대비 3% 증가하는 데 그친 반면 SUV는 45%(950만 대)나 급증했다. 그해 중국에서 가장 많이 팔린 자동차 10종 가운데 4종이 SUV였다. 그 흐름은 2017년에도 다르지 않았다. SUV시장의 판도가 전체 자동차시장의 판도를 결정한다고 해도 틀리지 않는다. 중국의 자동차회사들이 SUV에 주력하는 건 당연한 일. 현대차 역시 그 흐름에 뛰어든 것이다. 현대는 2018년 초 또 다른 SUV인 엔시노(코나)를 선보이기도 했다.

그러나 한발 늦었다. 'SUV 파티'는 중국 로컬 브랜드가 주도했다. 판매 상위 SUV 10종 중에서 현지 브랜드가 6개나 됐다. '10대 베스트셀링' 제조업체 리스트에는 창청(長城)자동차와 광저우(廣州)자동차 두 곳도 이름을 올렸다. 특히 창청자동차가 내놓은 '하발 H6'가 57만 8,725대, 광저우자동차의 '트럼치 GS6'는 32만 6,906대가 팔리는 등 SUV 열풍이 불고 있다. 판매 증가율 상위 10개 SUV 모델 중에 한국 차는 없었다. 현대차가 로컬 브랜드에도 밀릴 수 있다는 걸 보여줬다는 점에서 충격이었다. 현대차의 위기는 사드 사태 훨씬 이전에 잉태되고 있었다. 시장의 흐름에 빠르게 대응했어야 했다는 아쉬움이 남는다. 시장 전략의 실패다.

현대차가 SUV 시장에 나온 건 늦었지만 다행스러운 일이다. 그러나 시장은 아직 덤덤하다. 상하이에서 자동차딜러 회사를 경영하고 있는 펑(彭) 선생은 "현대차는 글로벌 완성차 브랜드 가운데 독일, 일본 다음의 저가 브랜드로 인식돼 중국 현지 브랜드 업체의 주요 타깃이 되고 있다"고 말한다. "현대차가 중국 전략용 SUV를 출시해도 저가 브랜드 이미지를 탈피하기 쉽지 않을 것"이라는 얘기다. 중국 소비자들의 선택 폭이 계속해서 넓어지는 상황에서 한두 개 신모델로는 한국 차의 강점을 보여주기 어렵다.

중국 현지 메이커들은 공격적이다. 그들은 매년 세단, SUV 등 70여 종 이상의 신차를 쏟아내고 있다. 다른 외국 자동차회사가 현대차처럼 부진한 건 아니다. BMW와 벤츠, 토요타 등 외국 브랜드의 판매량은 꾸준한 성장세를 유지하고 있다. 현대차의 점유율을 가져간 측면도 있다. 앞으로는 가성비로 현지 브랜드를 압도하든가, 고급 브랜드의 외국 차로 자리매김해야 살아남을 수 있다는 얘기다.

토요타도 그랬다. 2012년 센카쿠(중국명 댜오위다오) 사태로 큰 타격을 받았다. 당시 잃었던 시장점유율을 회복하는 데 2년여가 걸렸다. 현대도 토요타의 길을 걸을 것인가? 그러나 시장의 반응은 부정적이다.

"시장 회복 속도가 토요타와는 다를 겁니다. 현대의 가장 큰 문제는 어정쩡하다는 겁니다. 값도 품질도 애매합니다. 중국 로컬업체들이 약진하면서 더 싼 값에 그 정도 기술의 자동차를 만드는 회사가 많아졌습니다. 아래로는 로컬업체의 가격에 받치고, 위로는 선진업체의 기술과 브랜드 파워에 치이고, 완전 샌드위치 신세입니다."

국내 한 증권사의 상하이지사에서 일하는 증권맨이 전하는 얘기다.

현장 반응이 궁금했다. 전시회 당시 현대가 공개한 신이다이 ix35 판매 가격은 대략 15만 위안(인터넷에는 11.38만~18.68만 위안으로 표시되어 있다). 우리 돈으로 2,500만 원에 해당한다. 과연 잘 팔릴까?

현대자동차가 선보인 비장의 카드 SUV ix35

"15만 위안대 가격이면 가장 치열한 시장입니다. 외국 브랜드의 SUV가 대부분 그 정도 가격에 걸쳐 있고요. 반면 로컬 브랜드 SUV차량은 그보다 훨씬 싸게 가격을 잡고 있습니다. 글쎄요. SUV가 대세이긴 합니다만, 현대차를 사야 할 이유를 좀더 명확하게 해줘야 할 것 같은데요…."

상하이의 자동차 판매회사인 위안화(源燁)의 딜러인 후(胡) 선생의 평가다.

현대차는 급성장하고 있는 로컬업체와 싸워 이겨야 하는 도전에 직면해 있다. 사드는 그 흐름을 가속화한 요인이었을 뿐이다. 이 난국을 돌파하는 데 실패한다면? 그냥 베이징자동차에 기술 진보를 위한 '디딤돌'을 제공해준 꼴로 끝날 수 있다. 지금과 같은 어정쩡한 기술과 가격으로는 로컬업체의 추격을 따돌리기 어려워 보인다. 그러기에 "토요타는 2년 만에 중국 시장에서의 실지를 회복했지만, 현대는 5년, 아니 영

원히 2류 자동차 브랜드로 전락할 수 있다"는 말이 나온다.

문제는 또 있다. 합작사인 베이징자동차는 다른 파트너에 눈이 팔려 있다. 현대차 판매가 부진을 면치 못하고 있는 사이 베이징자동차는 메르세데스-벤츠의 모회사 다임러AG와 2조 원에 달하는 공장 증설 투자 계약을 체결했다. 중국 로컬업체인 지리(吉利)자동차가 최대주주로 있는 바로 그 회사다. 베이징자동차가 다임러 합작으로 노리는 시장은 고급차와 신에너지차 분야다. 현대차가 노리는 바로 그 시장이다. "그렇고 그런 비실대던 회사를 먹여 살려놨더니 이젠 더 센 놈과 짝짜꿍하겠다"며 양다리 걸치는 형국이다.

시장에서 밀리고, 파트너에게 외면당하는 현대차동차. 그 역시 중국 함정에 빠져들고 마는 것인가…. 브레이크 걸린 '셴다이 스피드'는 중국에 진출한 우리 제조업의 경쟁력 현황을 보여주는 것 같아 씁쓸하다.

코닥의 몰락, 과연 남의 일일까?
_중국 비즈니스의 '정치 리스크'

사드 사태를 지나오면서 우리 기업의 대중국 비즈니스에는 새로운 위험 요소가 하나 추가됐다. 바로 '정치 리스크'다. 예전 같으면 정치는 비즈니스에 긍정적인 역할만 했다. 한중 양국의 우호관계가 비즈니스에 도움을 줬으니 말이다. 심지어 기업 차원에서는 안 되던 일도 정치가 나서면 쉽게 풀리곤 했다. 양국 정상회담 때 한국 대통령이 특정 기업의 프로젝트를 언급하며 잘 봐달라고 부탁하기도 했다. 그러면 안 풀리던 일이 거짓말처럼 해결되는 경우가 종종 있었다.

그러나 지금은 다르다. 오히려 정치가 비즈니스를 망치는 경우가 많다. 심하면 중국에서 쫓겨날 수도 있다. 사드 사태로 수조 원의 손실을 보게 된 롯데가 대표적인 예라고 할 것이다.

©중앙일보

차이나 불링은 중국이 정치에서 비롯된 문제를 경제 압박으로 해결하려는 경향을 일컫는다. 사드 역시 그 범주의 하나다.

포스코 산하 연구소인 포스리(POSRI)는 보고서를 통해 정치·외교 사안을 경제 보복으로 대응하는 중국의 행태를 '불링(bullying, 약자 괴롭히기)'이라고 표현했다. 프랑스는 달라이 라마를 초청했다가 중국 까르푸 매장이 돌팔매 공격을 받았고, 노르웨이는 민주 인사 류샤오보에게 노벨평화상을 수여했다가 연어 수출이 막히기도 했다. 일본은 센카쿠(중국명 댜오위다오) 분쟁으로 하루아침에 중국산 희토류를 수입할 수 없게 됐다. 이밖에도 '차이나 불링(China Bullying)' 사례는 많다. 중국은 정치·외교·군사적인 문제를 경제 보복으로 연결시킨다. 사드 사태는 그중 하나일 뿐이다. 심지어 미중 무역전쟁으로 인해 중국에 진출한 미국 기업들도 불링의 대상이 된다. 중국에겐 경제도 무기가 된다.

기업으로서는 속수무책이다. 중국 의존도가 높은 나라일수록 차이나 불링에 약할 수밖에 없듯이 의존도가 높은 회사일수록 충격은 크다. 중국 현지에서 사회공헌활동(CSR)을 하고, 탄탄한 관시를 구축해야 한다는 등의 얘기를 많이 한다. 그러나 아차 싶었을 때는 이미 늦다. 중국의

주룽지 총리와 만나는 코닥 CEO 조지 피셔. 정치적 실력에 의존한 '중국 몰빵'은 결국 코닥의 몰락을 자초한다. 오른쪽은 '98협의' 이후 코닥 주가 추이

불링은 가혹하다. 롯데마트는 사드 사태로 엄청난 피해를 무릅쓰고 중국에서 철수해야 하는 상황으로 몰렸다. 그래서 더욱 우리는 '정치 리스크란 도대체 무엇인가?'라고 묻게 된다.

사실 많은 기업들이 중국에서 정치 리스크 때문에 곤혹을 치러야 했다. 외부적인 요인도 있지만, 기업 스스로 중국 정치의 덫에 걸려 낭패를 당한 사례도 많다. 정치 리스크에 빠지면 어떻게 되는지를 보여주는 사례 하나를 보자.

코닥은 필름업계의 전설이었다. 물론 지금도 있다. 그러나 그 위세는 전성기에 비하면 초라하기만 하다. 코닥은 왜 몰락했는가? 경영학 수업에서 자주 등장하는 주제이기도 하다. 코닥의 쇠락 원인은 중국에도 있었다. '코닥의 몰락을 자초한 협약'으로 알려져 있는 '98협의(協議)'가 그 원인이다. 저간의 사정은 이렇다.

1990년대 중반 성장의 한계에 직면한 코닥은 중국에서 돌파구를 찾고자 했다. '성장하는 시장 중국으로 가자!'라는 생각이었다. 그러나 쉽지 않았다. 당시 중국 시장은 일본 후지필름이 약 60%의 시장점유율을 보이며 독주하고 있었기 때문이다. 파격적인 전략이 필요했다.

당시 코닥 CEO였던 조지 피셔는 주룽지(朱鎔基) 총리를 만났다. '경제 차르'라는 별명을 가진 주룽지였다. 그를 통하면 안 되는 일이 없었다. 그는 주 총리에게 "시장 독점을 인정해주면 부실 국유 필름업체들을 정상화시켜주겠다"고 제의했다. 와이 낫(Why not)? 국유 기업 개혁에 열을 올리고 있던 주 총리가 이를 받아들였다. 일은 일사천리로 진행됐다. 코닥과 중국 정부가 1998년 3월 체결한 게 바로 '98협의'다.

코닥이 중국의 7개 국유 필름공장 중 6개를 인수 또는 시설 매입을 통해 정상화하고, 대신 3년 동안 다른 외국 기업의 투자를 받아들이지 않는다는 게 협약의 핵심이었다. 주룽지가 화끈하게 시장 독점을 인정해준 것이다.

성공하는 듯했다. 코닥은 3년 만에 중국 필름 시장의 50% 이상을 차지했고, 중국 전역에 약 8,000개의 현상소를 차렸다. 후지필름을 몰아내고 중국 안방을 차지한 셈이다.

그러나 코닥은 점점 '중국 함정'에 빠져들고 있었다. 국유 기업 정상화가 문제였다. 코닥은 계약대로 12억 달러를 국유 필름기업에 쏟아부었지만 밑 빠진 독에 물 붓기였다. 돈은 들어갔지만 어떻게 쓰였는지 몰랐다. 구조조정을 해야 했지만, 철밥통은 깨지지 않았다. 중국 정부는 약속했던 투자 이행을 촉구하며 코닥을 압박했다. 시간은 흘렀다. 코닥에 도움을 줬던 주룽지 총리는 2002년이면 물러나야 할 처지였기에 별로 도움이 되지 못했다.

코닥이 중국의 늪에 빠져 허우적거리던 2000년대 초, 세계 필름업계에서는 디지털화가 빠르게 진행되고 있었다. 디지털카메라가 나오면서 필름은 점점 멀어져갔다. 핸드폰에 카메라 기능이 추가되면서 카메라가 사람들 손에서 떠나갔다. 그 골든 타임에 코닥은 중국에서 허우적거리고 있었다. 정치에 의존한 '몰빵' 투자가 부른 참사다.

남의 일이라고? 아니다. 우리가 겪은 일이기도 하다.

STX의 다롄(大連)조선소 투자가 그랬다. STX가 다롄에 투자한 건 2008년이다. 약 3조 원을 퍼부었다. 역시 정치가 개입됐다. 당시 다롄 투자는 누가 봐도 안 되는 게임이었다. 투자 규모로 볼 때 중앙정부의 승인을 받아야 했지만, 중국 정부는 조선산업을 국유 기업 중심으로 재편하는 데만 관심이 있었다. 당시 랴오닝성을 이끌던 사람이 바로 현 총리인 리커창(李克强) 당서기였다. STX는 중앙에서는 도저히 통하지 않자 리커창 라인을 잡았다. 리커창에게도 STX의 투자는 정치적 업적을 쌓을 좋은 기회였다. 이 같은 이해관계가 어우러져 2008년 투자가 시작된 것이다.

당시는 조선산업 호황의 끝물이었다. STX는 중국 내 공장 운영 경험도 없으면서 100% 단독 투자를 감행했다. 해양플랜트까지 건조할 수 있는 최고급 설비를 깔았다. 한때 종업원이 2만 명에 달할 정도였다.

우리는 그 결과를 안다. 가동과 함께 시작된 수주 급감으로 삐걱대기 시작했다. 믿고 의지했던 리커창 당서기는 2008년 초 국무원 총리로 자리를 옮겼다. 그는 얼굴을 바꿨다. 랴오닝성 당서기를 할 때는 실적이 필요해 투자유치에 발벗고 나섰지만, 총리가 된 다음에는 STX가 오히려 그의 정치 행보에 부담을 주는 요인으로 바뀐 것이다. 결국 2013년 3월 문을 닫아야 했고, 3차례에 걸쳐 매각을 시도했지만 번번이 중국인들에게 농락당했다. 야드에 남아 있는 매각 가능한 설비를 헐값에 넘겨야 했다. '그냥 중국에 던져놓고 나온 셈'이다.

강덕수 전 STX 회장은 한 언론과의 인터뷰에서 이렇게 말했다.

"조선 경기의 하강을 예측하지 못하고 다롄조선소를 지은 것은 경영자로서 최대 잘못이었다. 여기에 투자금 3조 원가량이 묶이고 계속 자금을 회수당했으니 어떻게 견딜 수 있겠는가."

무리한 중국 투자에 대한 통렬한 반성이다.

물론 코닥과 STX의 위기가 사드 사태로 롯데마트가 직면한 위기와 같다고는 할 수 없다. 코닥과 STX의 경우 정치에 의존한 '몰빵 경영'이 문제였다면, 롯데마트는 한중 양국 사이에 벌어진 정치적 충돌 때문이었다. 그러나 정치적 요인에 의해 경영이 망가졌다는 점에서 같은 교훈을 추출해낼 수 있다. 우리는 지금 '정치 리스크가 중국 비즈니스의 상수가 된 시대'에 살고 있다는 점 말이다.

삼성, LG, 포스코, 현대자동차 등 많은 우리 기업들이 중국에 조 단위 규모의 투자를 진행하고 있다. 그중 일부에서는 삐거덕거리는 소리가 국내까지 들린다. 중국 시장은 흔히 '지뢰밭'으로 표현된다. 리스크가 도처에 산재해 있기 때문이다. 여기에 정치 리스크가 하나 더 추가됐다는 것은 그만큼 중국 비즈니스가 더 복잡해지고 어려워지고 있음을 보여준다. 코닥의 몰락을 반추하는 이유다.

중국 시장은 판매왕의 무덤?

_중국식 자본주의를 이해하는 3가지 키워드

베이징의 한 상사원은 "중국 시장은 판매왕의 무덤"이라고 말한다. 무슨 뜻이냐는 질문에 그는 이렇게 설명한다.

"어느 기업의 얘기이다. 중국 시장이 중요해지자 해외 영업 분야에서 최고의 성적을 거둔 전년도 '판매왕'을 중국 법인 책임자로 발령냈다. 북미 시장에서 잔뼈가 굵은 분이었다. 그러나 시원치 않았다. 글로벌 판매왕이라는 타이틀이 무색하게 그는 중국에서 계속 헛다리만 짚다 결국 본사로 소환되고 말았다."

꼭 그 기업 얘기만은 아니다. 내로라하는 베테랑급 임원을 중국으로 파견했지만, 실적이 초라한 경우를 적지 않게 보았다.

왜 그런 일이 생길까? 그 원인을 추적해보자.

중국 경제는 하나의 시스템으로 굴러가는 듯하지만 속을 들여다보면 결코 하나가 아니다. 여러 종류의 서로 다른 메커니즘이 하나의 경제를 만들고 있다. 국가가 경제의 한 주체로 활동하는 '국가자본주의(state capitalism)'적인 요소가 있는가 하면, 그 옆에는 경쟁을 근간으로 하는 서방식 '자유자본주의(liberal capitalism)'가 존재하고 있다. 정반대 성향의 속성이 공존하는 셈이다. 그런가 하면 우리가 IMF 금융위기의 원흉이라고 했던 기업의 문어발식 친족 경영을 특징으로 하는 '정실자본주의(crony capitalism)'도 뚜렷하다.

가히 '한 지붕 세 가족' 경제라고 할 만하다. 이런 복잡한 요소를 종합적으로 보고, 또 하나하나 뜯어봐야 중국을 정확히 알 수 있다. 어느 한쪽에만 치우치거나 어느 한 속성을 등한시하면 실패하기 십상이다. 판매왕이 중국에서 쫓겨가는 이유도 여기에 있다.

우선 국가자본주의를 보자.

앞에서 언급했듯 중국은 '심판이 공도 차는 시스템의 나라'다. 그 심판은 국가다. 국가가 시장의 주체로 활동하고 있는 것이다.

국가가 경제 활동의 첨병으로 앞세운 존재가 바로 국유 기업이다. 약 15만 개에 달하는 국유 기업은 생산성이 떨어진다고 지탄을 받지만, 어쨌든 부가가치 생산 규모로 볼 때 중국 경제의 거의 절반을 차지하고 있다. 에너지, 금융, 통신, 방산 등 굵직굵직한 산업은 이들 국유 기업이 장악하고 있다. 그리고 이들 국유 기업은 국유은행으로부터 자금을 지원받고 있다. 국가-국유 기업-국유은행이라는 국가자본주의의 삼각편대가 형성된 것이다.

중국 기업이 해외 유전을 매입하거나 가스전을 개발할 때, 반도체 공정을 시작할 때, 심지어 민영 기업의 해외 M&A에서도 국가의 '보이는 손'은 여지없이 작동한다. 국가-국유 기업-국유은행이라는 가공할 삼각편대는 막대한 총알(자금) 공세로 서방 기업들을 초토화시키고 만다.

우리 기업 역시 자유롭지 못하다. 요즘 우리나라 조선산업이 어렵다. 메이저 회사들조차 수조 원의 적자에 시달리고 있다. 그 원인 중 하나가 바로 중국의 국가자본주의 때문이다. 중국의 조선 분야 국유 기업들은 2008년 세계 금융위기 이후 악조건 속에서도 공격적으로 해외시장 공략에 나섰다. 저가 수주로 발주 물량을 쓸어갔다. 돈은 걱정 없었다. 정부가 지원해주니까 말이다. 한국 기업이 어찌 당할 수 있겠는가. 그들과의 수주 전쟁을 치르느라 안으로 곪고 또 곪았다. 그게 터진 게 조선업 사태다.

국가가 목표물을 정하면 국유 기업이 달려들고, 국유은행이 뒤에서 총알(자금)을 지원하는 식이다. 그렇게 우리나라 철강, 조선 등의 산업이 당했다. 중국 국유 기업이 강한 분야다. 석유화학, 심지어 우리의 마지막 보루라고 하는 반도체마저도 안전하지 못하다.

둘째, 자유자본주의적 속성이다.

그렇다고 중국에 국가자본주의, 국유시스템만 있는 건 아니다. 중국에 가본 사람들은 알겠지만, 중국은 경쟁이 살아 있고, 시장 원리가 한편에서는 너무도 잘 적용되고 있는 나라이다.

얼마 전 시안(西安) 출장을 다녀왔다. 취재 중에 한 학교 앞을 지나게 됐다. 상가가 쭉 이어져 있는데, 대부분 문을 닫았다. 음산하기까지 했다. 원래 학용품, 완구, 아동복 등을 팔던 곳이었단다. 이유를 물으니 시안 정부 관계자는 이렇게 답한다.

"이제 학생들은 여기서 물건을 사지 않습니다. 전부 알리바바나 징둥(京東) 같은 인터넷 전자상거래사이트에서 사지요. 오프라인 가게는 망할 수밖에 없습니다."

시안의 문구점 상가는 중국 경제의 또 다른 영역인 민영 부문에서 국가자본주의와는 전혀 다른 자유자본주의식 시스템이 작동되고 있음을 보여준다. 대표적인 게 IT 분야이다. 이곳에서는 지금 인터넷 모바일혁명이 진행 중이다. 대중창업 만중혁신(大衆創業 萬衆創新)이라는 슬로건하에 중국 전역에서 벤처기업이 쏟아지고 있다.

이 부문에서는 오로지 경쟁력만이 통한다. 기술과 서비스 경쟁에서 지면 바로 퇴출이다. 시안의 문구점은 이를 보여주는 사례일 뿐이다. 정부는 체제를 위협하지 않는 한 민간기업이 하는 대로 그냥 놔둔다. 그러니 경쟁이 일어나고, 경쟁을 통해 산업이 발전한다. 인터넷 모바일, 유통, 부동산 등에서 일어나고 있는 현상이다. 그런가 하면 자금력이 풍부한 민영 기업들은 해외에서 기업을 인수하고, 빌딩을 사들인다. 서방 기업들과 다르지 않은 것이다.

이마트가 중국에 진출한 건 1990년대 중반쯤이다. 한때 잘나갔다. 한국의 유통 기술이 중국 시장에서 먹힌다며 언론에도 자주 등장했다. 그러나 이마트는 결국 철수했다.

유통 분야는 전형적인 민영 산업이다. 자유자본주의 논리가 작동하는 곳이다. 그들은 단돈 1위안, 아니 1마오(毛)에도 공급선을 바꾼다.

완전경쟁에 가깝다. 중국 경쟁사에 비해 비용 구조가 불리한 이마트로서는 견디기 어려운 환경이었다. 게다가 알리바바가 일으키고 있는 유통혁명이 오프라인 매장을 시장에서 몰아내고 있었다.

이렇듯 국가자본주의와 전혀 상반되는 자유자본주의시스템이 공존하고 있는 곳이 바로 중국이다. 종합적으로 봐야 한다는 이야기다. 시안의 문구점 폐업 이면에 담긴 냉혹한 시장 경쟁 말이다.

셋째, 중국의 또 다른 시스템인 '정실자본주의'를 보자.

시장경제 성립의 핵심 요건 중 하나는 '계약'이다. 계약에 따라 비즈니스가 진행되는 룰(rule)이 살아 있어야 한다. 그런데 중국이 어디 그런 나라이던가?

중국에서 비즈니스를 하는 사람들은 계약보다는 '관시(關係)'가 중요하다고 말한다. 내 제품(서비스)이 상대 기업에 비해 분명 우수한데도 계약에서 밀리는 경우가 종종 발생한다. 심지어 가격 경쟁력까지 뛰어난데도 말이다. 시장경제에서는 있을 수 없는 일이다. 더 나아가 공공연하게 뒷거래가 이뤄지곤 한다.

기업들은 탐욕 덩어리이다. 속성이 그렇다. 중국은 이게 더 심하다. 중국 기업들은, 그것이 민영 기업일지라도 정부와의 관시를 통해 업종 다각화에 나서고, 공무원들과의 결탁을 통해 몸집을 불린다.

신시왕(新希望)이라는 그룹이 있다. 쓰촨에서 메추라기 양식으로 돈을 번 대표적인 민영 기업이다. 이 회사는 지금 고유 분야인 농업을 비롯해 부동산, 금융, 에너지, 호텔 등 안 하는 업종이 없다. 신시왕그룹을 일으킨 4형제는 중국 전역을 돌며 부를 쌓았다. 자유시장경제의 터전에서 돈을 번 그들이지만, 속으로 들어가 보면 끼리끼리 해먹고, 자기네끼리 나눠 먹는다. 자율과 경쟁의 영역이라는 민영 부문에서 이뤄지고 있는 일이다.

그래서 나오는 말이 '관시 비즈니스'이다. 시장의 규율이 약하니 연줄로 문제를 해결하려는 속성이다.

정실자본주의가 나쁜 거라고? 맞다. 우리나라가 IMF 금융위기에 빠진 원인 중의 하나가 그것이니까 말이다. 그렇다고 중국에 엄연히 존재하고 있는 그 속성을 무시할 수는 없다. 정실자본주의적 속성에 적응해야 한다는 것이다. 그걸 거부한다면, 사업 못하는 거다. 보따리 싸야 한다.

우리 기업은 어느 정도 준비가 되어 있을까?

중국에서 활동하고 있는 한 대기업 주재원과의 통화 내용이다. 이 회사는 요즘 인허가 문제로 중국에서 퇴출당할 위기에 직면했다.

필자: 당신네 회사는 다른 어느 업체보다 중국 내 관시가 강하지 않은가? 왜 그리 속수무책인가?

관계자: 옛말이다. 대관 업무를 맡고 있던 전문가들이 대부분 회사를 떠났다. 관시랄 게 없다. 정년이 됐다고 내보낼 줄만 알았지, 사람 키우는 건 등한시했다.

필자: 그렇다면 지금 어느 정도 관시를 댈 수 있나?

관계자: 솔직히 당장 내일 사장이 온다 해도 여기 지방정부의 담당 국장조차 만나기 힘들다. 꾸준히 관시망을 쌓고, 그들의 뒷거래 관행을 활용할 수 있어야 하고, 필요하면 결탁이라도

해야 한다. 법을 어기라는 얘기가 아니다. 그들의 관행을 이해해야 한다. 미국, 유럽 등 해외시장에서 잔뼈가 굵은 베테랑 법인장이 중국에 파견되어서는 헛다리를 짚는 이유가 거기에 있다. 시장을 자율과 경쟁으로만 읽을 수 없는 곳이 바로 중국이다. 겉으로 보기에 중국은 분명 시장이 살아 있는 것처럼 보이지만 비즈니스 현장에서는 계약보다 관시가 위력을 발휘하고, 경쟁보다는 끼리끼리 문화가 더 짙다. 그런 특성을 이해하지 못하니 실패하는 것이다.

중국 경제는 국유 부문과 민영 부문으로 분절되어 있다. 국가의 힘이 작용하는 국가자본주의 분야가 있는가 하면, 그 바로 옆에는 시장의 힘이 끓어오르는 자유자본주의 부문도 있다. 비즈니스 속으로 들어가 보면 끼리끼리 관시 문화가 판치는 정실자본주의 속성도 뚜렷하다.

"중국은 이질적인 시스템이 엉켜 있는 곳이다. 그러기에 나누어 보고, 또 종합해서 볼 수 있어야 한다. 그래야 제대로 된 비즈니스 전략이 나올 수 있다. 관시는 경시해서도 안 되지만 그것에 매몰되어서는 더 안 될 일이다. '중국은 이렇다'라고 쉽게 규정해버린다면, 당신의 비즈니스는 함정에 빠져들 수 있다."

한국 업계 최고의 중국 비즈니스맨이라는 별명을 가진 박근태 CJ대한통운 사장의 말이다.

이베이는 왜 보따리를 싸야 했나?

_중국 기업이 해외 업체를 몰아내는 법

중국에 진출한 외국 기업이 현지 기업에 밀려 철수한 사례는 한둘이 아니다. 물론 우리나라 기업들도 예외는 아니다. 중국기업에 밀려 보따리를 싼다. 그렇다면 물어야 한다. 중국 기업, 그들은 우리와 무엇이 다른지를 말이다. 경쟁 상대의 속성을 알아야 전술을 짤 것 아닌가.

알리바바와 이베이의 경우를 보자. 전자상거래의 글로벌 기준을 제시했던 이베이가 왜 중국에서는 알리바바에 밀려 시장에서 퇴출됐는지를 말이다.

우선, 시장을 보는 시각이 다르다. 중국 현지 기업과 외국 기업은 시장 전략에 대한 기본적인 시각에 차이가 있다.

김흥수 김앤장 고문은 중국에서 오랫동안 근무하면서 시장을 연구해온 현장 전문가다. 삼성 출신으로 2003년 CJ와 상하이미디어그룹(SMG)이 설립한 홈쇼핑채널인 동방CJ의 CEO로 일해왔다. 그의 얘기다.

"서방 기업들은 영업이익(수익률)을 강조하는 반면 중국 기업들은 시장점유율(시장 영향력)을 중시합니다. 먼저 점유율을 높이고, 그다음에 수익률을 보지요. 반면 서방 기업들은 영업이익이 나지 않는다면 시장점유율은 의미가 없다고 간주합니다. 장기적으로 보면 누가 이기겠습니까? 시장을 가진 쪽이 이기는 겁니다."

그 과정을 보자.

미국의 C2C 전자상거래 플랫폼인 이베이가 중국에 진출한 건 2003년이다. 중국 전자상거래 시장을 장악할 것으로 모두가 예상했고, 실제로 그리 돌아가는 듯싶었다. 많은 기업들이 이베이 플랫폼에 물건을 내놓고 거래하기 시작했다. 이베이의 수익(입점 수수료)은 늘어나기 시작했다.

당시만 해도 알리바바는 B2B에 치중하는 작은 전자상거래업체였다. 어떻게 이베이의 공략을 막아낼까? 그건 알리바바의 생존이 걸린 문제였다. 마윈이 승부수를 던졌다. 같은 해 '타오바오'라는 C2C 플랫폼을 만들고 이베이의 영역에 도전한 것이다.

"여기서 중국 기업 특유의 '시장점유율 우선(market share first)' 전략이 나온 겁니다. 알리바바는 수수료를 받지 않았습니다. 기업이나 개인사업자는 공짜로 포스팅하니까 좋은 거죠. 어디로 가겠습니까. 당연히 타오바오로 몰린 거지요. 포스팅하는 물건이 많은 플랫폼이 이기는 법입니다. 피나는 경쟁 4년, 이베이는 결국 짐을 싸야 했지요."

그렇게 알리바바 타오바오는 시장점유율을 높였고 '침략자(중국의 표현이다)'를 몰아냈다. 이베이가 떠난 전자상거래 시장은 알리바바 차지였다. 알리바바는 자선사업가가 아니다. 마윈은 '타오바오 상품 검색에서 상위에 노출되려면 돈을 내시오'라는 비즈니스 모델로 돈을 긁어모았다.

항상 그런 식이다. 중국 기업들은 적의 핵심을 찌른다. 물량 공세를 통해, 아니면 자본력을 동원해 경쟁자의 목을 눌러버려 질식시킨다. 그렇게 시장을 확보한 뒤 본색을 드러낸다.

이베이가 쓴맛을 봐야 했던 또 다른 중요한 요인은 문화에 대한 이해 부족이었다.

《로컬 차이나》라는 책의 저자이자 중국 시장 및 마케팅 전문가인 김도인은 문화에 대한 이해에서 답을 찾는다.

"알리바바는 2004년 알리왕왕이라는 이름의 실시간 대화시스템을 개발했다. 이베이가 이취왕(易趣網)에서 Q&A 게시판을 통해 구매자와 판매자를 연결하던 때였다. 알리왕왕은 이취왕과는 달랐다. 구매자와 판매자가 실시간 채팅이나 음성(영상) 통화로 대화할 수 있도록 공간을 제공했다. 중국인들은 온라인상에서의 거래라 하더라도 '확인'하고 싶어 한다는 속성을 놓치지 않았다. 알리왕왕은 중국인이라면 누구나 아쉬워하고 또 필요하다고 여기는 '신뢰의 갭'을 매워준 것이다."

중국인들은 서로를 잘 믿지 못한다. 가짜가 많으니 꼭 확인해보고 싶어 한다. 알리바바는 알리왕왕을 통해 그 문제를 해결한 것이다. 마윈은 한 발 더 나아가 알리페이를 통해 제삼자 지불보증시스템을 구현했다. 법과 제도로 신뢰를 보증하는 서구식 풍토에 익숙한 이베이가 이를 알 리 없다.

광고 카피 한 줄을 만들더라도 중국인의 습성을 파악해야 하고, 협상을 할 때에도 그들의 협상술을 이해해야 한다. 중국에 대한 인문학적 이해가 필요하다는 얘기다. 그걸 모른 채 중국 소비시장에 달려들면 망하기 십상이다.

외국 기업이 알아야 할 또 다른 중국 이해의 키워드는 국가와의 관계다.

주지하다시피 알리바바는 민영 기업이다. 마윈이 세우고 소프트뱅크 등이 투자했다. 뉴욕 증시에 상장됐다. 국가와는 별 관계가 없어 보인다. 과연 그럴까?

알리바바는 IPO(기업공개)를 위해 상하이나 홍콩이 아닌 뉴욕을 선택했다. 이상하지 않은가? 그렇게 좋은 기업을 서방의 투자가들 입에 던져놓으니 말이다. 게다가 국내의 재무 정보가 모두 공개되어야 하는데도 서방 자본주의 경제의 본산인 뉴욕 증시를 선택했다.

김흥수 고문의 얘기를 다시 들어보자.

"처음에는 중국 당국도 뉴욕으로 가는 것에 반대했습니다. 홍콩을 권했죠. 그러나 마윈이 설득했습니다. '차 한 잔 마실 시간만 달라. 미국

ⓒ중국신문망

'신(神)'이 된 마윈. 중국 모바일 인터넷혁명의 주역이다.

에 가서 반드시 적들을 꺾고 오겠다'라고 말이지요. 지금 중국의 최대 관심은 '어떻게 하면 미국의 자존심을 꺾느냐'에 있습니다. '아마존을 무찌르고 오겠다'는 말에 허가를 내준 것이지요. 실제로 마윈은 그 어느 미국 IT기업도 하지 못했던 액수로 IPO에 성공합니다."

민영 기업인 알리바바가 중국 국가자본주의의 첨병으로 변한 것이다. 롄샹이 IBM PC를 인수한 것과 같은 맥락이다.

알리바바는 홍콩 미디어에 관심이 많다. 대표적인 영자지인 사우스차이나모닝포스트를 사들였다. 사업상 홍콩 언론사가 필요했을까?

"물론 그랬을 수도 있지요. 그러나 홍콩 언론계에서는 '중국 당국의 입김이 작용하고 있다'고 봅니다. 마윈이 홍콩 언론을 장악하려는 중국 당국의 의지를 간파하고 먼저 움직였거나, 아니면 당국이 알리바바로 하여금 매입하도록 압력을 가했다는 분석입니다."

홍콩 언론계 사정에 밝은 김진호 단국대 교수의 말이다.

중국에 민영 기업은 많다. 그렇다고 이들이 순전히 국가와 따로 논다고 생각하면 오산이다. 화웨이, 레노버, 샤오미 등은 모두 국가가 쳐놓은 그물 안에서 놀고 있는 작은 새일 뿐이다.

중국 기업은 얼핏 허술해 보인다. 그러나 어느 정도 덩치를 키웠다 싶으면 이내 경쟁자로 부상한다. 그들과 피 튀기는 시장 쟁탈전을 각오해야 한다.

지금도 많은 외국 기업이 중국 기업의 이 같은 행태에 대한 정확한 분석 없이 중국으로 간다. 그 결과가 바로 '보따리 싸기'다. 보따리 행렬은 지금도 이어지고 있다.

애플이 중국에 백기를 든 이유
_기술과 시장의 콜라보시스템을 구축하라!

'사드 보복'의 후유증은 길다. 시장에서 밀려난 기업은 중국의 행태에 울분을 토한다. 중국이라는 나라는 이제 점점 더 많은 사람들 마음에서 '불편한 존재', '위협의 대상'으로 자리 잡아가고 있다. 제3의 시장을 개척해야 한다는 말이 힘을 얻고 있다.

"그래! 이참에 중국 없이 살아보자. 다른 곳에서 시장을 찾으면 되는 것 아닌가."

그런 생각이 굴뚝같다. 세계 최고 IT기업이라는 애플을 보자. 애플 역시 같은 질문으로 고민하고 있기 때문이다.

파이낸셜타임스(FT)는 '애플이 중국 수수께끼를 풀기 위해 골몰하고 있다(Apple struggles to solve China conundrum)'라는 제하의 기사를 실

ⓒ이매진차이나

중국으로 간 애플.
첨단 기술의 리더라는 애플에게도 중국은 버거운 존재다.

었다(2017. 8. 21). 보도는 이렇게 시작한다.

"중국을 방문한 애플 CEO 팀 쿡이 스타벅스에 들렀다. 아이폰을 꺼내 애플페이로 계산을 하려고 했으나 되지 않았다. 아이폰으로는 중국 지불시스템에 접근할 수 없었기 때문이다. 결국 옆에 있던 동료가 커피값을 대신 치러야 했다."

팀 쿡은 애플페이가 되지 않는 것을 확인하고 당황했을 것이다. '위챗(WeChat)페이는 돼요'라는 중국 직원의 말을 들었다면 멘붕에 빠졌을지도 모른다. 애플이 중국에서 직면하고 있는 문제를 단적으로 보여주는 사례다. FT는 "2년 전까지만 해도 애플에 가장 유망했던 중국 시장이 이제는 가장 큰 골칫거리로 변했다"라고 지적했다.

통계가 말해준다. 팀 쿡이 중국을 방문했을 즈음인 2017년 2분기 애플의 중화권(대륙, 홍콩, 마카오, 대만) 매출은 전년 동기 대비 10% 감소했다. 6분기 연속 하락세다. 팀 쿡은 미국에 이은 두 번째 시장이 흔

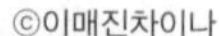

베이징 포럼에 참가한 애플 CEO 팀 쿡

들리고 있는 것에 초조했을 터다.

애플의 경쟁력은 콘텐츠와 서비스의 우위를 바탕으로 하드웨어(아이폰)를 판매한다는 데 있다. 그 경쟁력 생태계가 중국에서는 통하지 않는다는 데 애플의 고민이 있다. 이런 식이다.

"베이징 당국이 교통시스템 전산화를 정비하면서 지불시스템도 개편했다. 그런데 안드로이드 핸드폰만 지불시스템에 접근할 수 있도록 했다. 애플의 iOS 운영체계는 배제했다. 아이폰으로는 베이징의 전철, 버스 등에서 결제를 할 수 없게 된 것이다." (FT 보도)

결과가 어떻게 될지는 눈에 뻔하다. 텐센트의 위챗페이, 알리바바의 알리페이 등 안드로이드 지불시스템에 밀릴 수밖에 없다. 애플폰은 한마디로 '먹통'이 된 셈이다. '페이 천국' 중국에서 지불이 안 되는 폰이 잘 팔릴 리 있겠는가.

애플의 콘텐츠와 서비스, 하드웨어는 최고다. 세계 각지에서 검증된 사실이다. 그러나 베이징 버스에서는 안 통한다. 왜? 베이징 시정부가 막고 있으니까. 결국 정부가 문제였던 셈이다. 지금은 베이징시 지방 정부의 일이지만, 중앙정부 차원에서 또 어떤 규제가 내려질지 모른다. 거기에 애플의 고민이 있다.

우리가 지금 중국 시장에 대해 하고 있는 고민과 다르지 않다. 시장은 분명 있는데, 갖가지 이유로 진입이 막혀 있다. 중국 정부는 정책적 장벽을 쌓아놓고는 '소비자들이 알아서 움직인 결과'라고 말한다. 그걸 누가 믿겠는가.

그렇다면 애플은 어떤 선택을 했을까?

타협이었다. 아니 더 정확하게는 중국 정부에 굽히고 들어갔다. 애플이 중국의 인터넷 통제를 우회할 때 사용하는 가상사설망(VPN)앱을 아이폰의 앱스토어에서 제거한 것이 이를 단적으로 보여준다.

중국 정부는 이른바 '만리장성 방화벽(Great Firewall)' 프로그램을 운영하고 있다. 구글의 검색 서비스와 동영상 서비스 유튜브, 페이스북, 인스타그램 등 해외 정보망과의 접속을 차단하는 장치다. 하지만 중국의 애플 제품 사용자들은 VPN앱을 이용해 만리장성 방화벽을 우회하는 방법을 택했다. 이걸 삭제했으니 우회로마저 차단된 것이다. '애플이 결국 중국 정부에 아부하고 있다'는 말이 나온 이유다.

이뿐만 아니다. 애플은 아이폰 및 아이패드의 아이클라우드(iCloud) 데이터센터를 중국 현지(구이저우, 貴州)에 구축하기로 했다. 기존 애플의 정책이라면 당연히 미국에 둬야 했지만, '중국에서 사업을 하려면 중국 내에 서버를 둬야 한다'는 정책에 굴복한 것이다. 애플은 2016

년 뉴욕타임스가 만든 뉴스앱을 (정부의 요청에 따라) 앱스토어에서 삭제했다. 뉴욕타임스가 이 같은 행태를 두고 "애플은 중국 정부의 인터넷 검열 공범자"라고 맹비난한 이유다(뉴욕타임스 2017년 8월 2일 자, How Apple and Amazon Are Aiding Chinese Censors).

애플의 정보 보안은 엄격하기로 유명하다. 총기 난사로 14명을 숨지게 한 테러 용의자의 범죄 정보를 넘겨달라는 FBI의 요구를 거절하기도 했다. '고객의 사생활 보호'가 이유였다. 그런 애플이 중국의 검열 앞에서는 한없이 약한 모습을 보인다. 이유는 분명하다. 정부와 타협을 해서라도 중국 시장을 놓칠 수 없다는 판단에서다. 글로벌 시장에서의 우위를 지키기 위해서는 중국 시장을 결코 포기할 수 없다는 판단, 그게 바로 애플을 주저앉힌 이유다.

자, 다시 한 번 앞의 질문으로 돌아가자. 중국이라는 시장은 대체 우리에게 어떤 의미를 갖는가?

중국, 밉다. 사드 보복에 분개할 수 있다. 그러나 현실은 냉정하게 봐야 한다. 중국은 GDP 약 12조 달러 규모의 시장이다. 우리보다 약 10조 달러 정도 크다. 어쨌든 매년 6~7%의 성장세를 유지하고 있는 이웃 시장이기도 하다. 이를 피해 어느 다른 시장을 찾을 수 있을까? 게다가 중국은 여러 산업에서 이미 우리를 추월했고, 우리 기업을 옥죄고 있다. 그 시장에 뛰어들지 않으면 우리가 고사(枯死)당할 수도 있다.

이쯤 되면 "그럼 중국에 고분고분 굴복하자는 거냐?"라는 반박이 나올 수 있다. 아니다. '에이, 상대 못할 존재!'라는 식으로 중국에서 돌아서지 말아야 한다는 얘기다. 우리가 갖고 있는 경쟁력을 중국 시장에서 발휘하고, 거기서 번 돈을 연구개발에 투자해 다시 경쟁력을 높이는 선순환 구조를 이어가야 한다.

중국의 보복에 굽히지 않겠다는 결기는 필요하다. 그렇다고 감정에 치우쳐 중국을 무작정 '디스'해서는 안 된다. 이럴 때일수록 더 눈을 부릅뜨고 중국을 관찰하고, 시장을 공부해야 한다. 그래야 중국에 당당해질 수 있다. 애플의 사례가 지금 우리에게 던지는 메시지다.

클러스터라는 블랙홀

_일자리 전쟁에서 살아남는 법

잘 알고 지내는 K사장은 종합상사 대우의 중국 사업을 총괄했던 분이다. 김우중 회장의 '중국 경영'을 현장에서 추진했었다. 지금은 상하이에서 중견 무역업체를 경영하고 있다. 오랜만에 그와 통화했다. 인천공항 출국 게이트 앞에서 비행기를 기다리다 전화를 받는다고 했다. 몇 마디 인사가 끝나기도 전에 그의 목소리가 높아진다.

"이제 한국에서 제조업은 끝났다. 내다 팔 물건이 없잖냐. 어지간한 건 이제 중국이 더 싸게, 더 잘 만든다. 이제까지 중국 덕에 먹고살았던 제조업인데, 그게 허물어지고 있는 것이다. 사정이 그런데도 한국 사회는 무감각하다. 도끼자루 썩는 줄 모른다. 지금 현장에서는 상상도 할 수 없는 일이 벌어지고 있다."

그는 제조업의 위기를 말하고 있었다. "제조업의 기반 붕괴로 중국발 경제 위기에 봉착해도 나는 놀라지 않을 것"이라고도 했다. 베테랑 중국 비즈니스맨의 목소리에 절박함이 녹아 있다.

맞는 말이다. 한국의 대중국 수출 10대 제품군은 10년째 변화가 없다. 반도체, 디스플레이, 석유화학, 핸드폰 관련 부품, 자동차 등이다. 이 중 반도체와 석유화학을 제외하고는 수출증가율이 급격한 내리막을 보이고 있다. 이걸 갖고 10년 해먹었으면 뭔가 새로운 걸 만들만도 하지만, 우리는 그동안 있는 것 파먹기에 급급했다. 그러니 위기라는 얘기가 터져나오는 것이다.

중국에서 사업을 하고 있는 비즈니스맨들이 느끼는 위기감은 더 현실적이다.

광저우에 가면 칭팡청(輕紡城)이라는 원단 · 섬유 · 패션 시장이 있다. 면적이 약 9만 평에, 입주 상점만 약 4,000개에 달한다. 세계 각지의 의류 관련 기업이 다 모이는 세계 최대 규모의 섬유시장이다.

최보영 사장은 이곳에서 원단 매장 두 곳을 운영하고 있다. '메이드 인 코리아'가 그의 차별화된 무기다. 한국 원단을 고집한다. 한국 섬유를 알리기 위해 매년 한류 패션쇼를 열기도 한다. 2억~3억 원의 돈을 써가며 말이다. 그러나 한류만으로는 중국인을 끌어내기가 점점 힘들다고 말한다. 한국 상품의 기술력이 받쳐주지 않기 때문이다.

"한국에서 더 이상 가져올 게 없습니다. 한국 원단 기술이 중국보다 더 좋다고 말할 수도 없는 데다 품목도 줄어들고 있습니다. 원단산업을 사양산업으로 인식하면서 종사자들이 일을 포기한 거죠. 산업 단절입니다. 섬유 원단으로 돈 번 사람은 빌딩을 굴리며 뒷전으로 물러나 있고, 지금 앞에서 뛰는 사람은 투자할 여력이 없는 신참뿐입니다.”

최 사장의 한숨이 깊다. 푸념이 이어진다.

“중국의 원단 상인은 더 이상 한국을 찾지 않습니다. 이탈리아로 달려가지요. 그곳에는 아직 원단이 훌륭하게 나오고 있거든요. 섬유가 어떻게 사양산업일 수 있지요? 우리가 매일 입는 옷이 말입니다.”

그는 지난 10년간 중국 전역을 돌아다니며 판매 유통망을 짰다. 이제 그 유통망에 제품만 실으면 돈이 들어오는 단계까지 왔다. 그런 그도 요즘 매장만 나오면 한숨을 내쉰다. 이유는 하나, 그 유통망에 실을 한국의 물건이 사라지고 있기 때문이다.

무엇이 문제였을까?

중국에서 어떤 일이 벌어지고 있는지를 봐야 한다. 아래 그래픽을

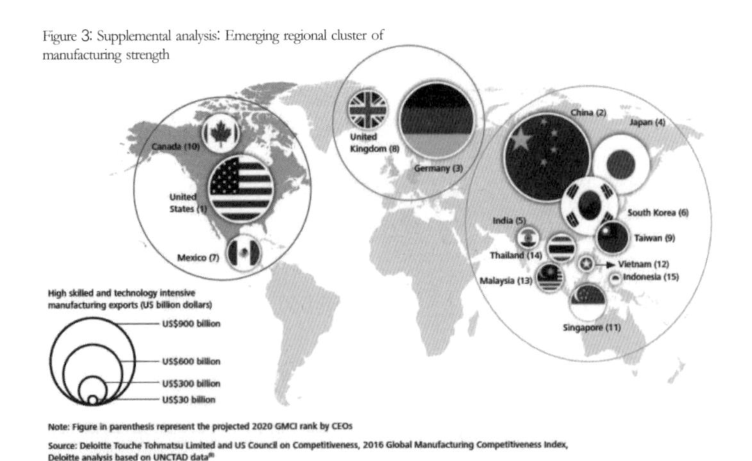

‘2016 글로벌 제조업 경쟁력 지수’ 자료 중 지역별 산업 클러스터 비교 (©딜로이트)

보자. 컨설팅회사인 딜로이트가 발표한 '2016 글로벌 제조업 경쟁력 지수(2016 Global Manufacturing Competitiveness Index)'에 나오는 걸 뽑았다. 딜로이트는 '글로벌 제조업이 점점 더 클러스터화 되고 있다'고 진단한다. 지역별로 국가 클러스터군(群)이 형성되고 있고, 나라 안에서도 업종별 또는 제품별 클러스터가 형성되고 있다는 분석이다(보고서는 위 제목을 구글 검색창에 치면 쉽게 다운로드할 수 있다).

크게 3대 권역이다. 미국이 주도하고 있는 북미 클러스터, 중국 · 일본 · 한국이 이끌고 있는 아시아 클러스터, 독일이 중심이 된 유럽 클러스터 등이다. 역시 가장 큰 제조 클러스터는 아시아다. 이 지역의 기술력과 자본, 그리고 노동력이 결합하면서 다른 권역과는 비교가 되지 않을 정도로 막강한 경쟁력을 갖추고 있다.

지난 20, 30년 동안 아시아 클러스터는 중국을 중심으로 분업관계를 형성해왔다. 그러나 단순 임가공으로 시작한 중국의 산업 기술 수준이 높아지면서 기존 분업 협력 구조가 깨지고 있는 중이다. 오히려 중국이 점점 주변 나라의 산업을 압박하는 형국이다. 풍부한 노동력과 시장은 해외 기술을 흡수하고, 기술로 무장한 중국 산업은 이제 주변국 관련 업체들을 끌어들인다. 그 결과가 '차이나 클러스터'다. 동아시아 지역에 형성됐던 광역 분업체계가 특정 지방의 클러스터로 집적되고 있다. 중국을 중심으로 한 클러스터 짜기가 한창이다.

그렇다면 중국에는 어떤 클러스터가 형성되어 있을까?

중국에 '일촌일품(一村一品)'이라는 말이 있다. '각 마을마다 고유 상품이 있다'라는 뜻이다. 이게 산업화 시대 들어서 도시별 고유 상품 특

ⓒ이매진차이나

'중국 넥타이 도시'라는 별명을 가진 저장성 성저우.
세계 넥타이의 60%, 한 해 약 1억 6,000만 장이 이곳에서 생산된다.

화 전략으로 발전했다.

저장성 성저우(嵊州)는 넥타이를 만드는 도시다. 전 세계 넥타이의 약 60%(한 해 약 1억 6,000만 장)가 이곳에서 생산된다. 하이닝(海寧)은 가죽(피혁) 제품 도시다. 가죽 관련 공장이 빼곡하다. 불산(佛山)이라는 광저우 옆 도시를 가면 잠실운동장 서너 개쯤 될 법한 도자기시장이 펼쳐져 있다. 장쑤성 쑤저우–쿤산에서는 세계 노트북 PC의 50% 이상이 생산된다. 그런가 하면 상하이 해안가에는 조선(造船) 클러스터가 둥지를 틀고 있다.

중국 제조 클러스터에 질적인 변화가 찾아왔다. 원래 이들 제조단지는 독자적으로 운영될 수 없었다. 완제품 생산은 그곳에서 하지만, 완제품 생산을 위해 필요한 중간재(부품이나 반제품)를 일본 · 한국 · 대만 등에서 가져왔었다. 그런데 기술 수준이 높아지면서 이제는 중간재를 일본이나 한국에서 수입하지 않고도 국내(중국)에서 조달한다. 자기 완결형 산업 생태계를 구축하고 있는 것이다.

쑤저우의 노트북 PC공장은 더 이상 한국에서 LCD패널을 수입하지 않는다. 한국에서 폴리에틸렌을 들여가던 후베이(湖北) 이창(宜昌)의 페트병공장은 주문을 끊은 지 오래다. 모든 제조공정이 중국에서 완성되는 '자기완결형' 공급 구조 때문이다.

자기완결형 공급 구조가 탄탄해지면 어떤 일이 벌어질까?

당신이 노트북 PC용 가방을 생산하는 가방공장 사장이라고 한다면 마케팅을 위해 삼성전자나 LG전자의 구매 담당자를 접촉해야 한다. 우리나라에서 노트북 PC를 만드는 회사는 거기밖에 없으니까 말이다. 삼성전자에 가서 "노트북 PC용 가방을 공급하고 싶습니다. 어떻게 하면 될까요?"라고 묻는다면, 구매 담당자는 아마 이렇게 답할 것이다.

"쑤저우로 가서 알아보세요. 우리 노트북 PC는 모두 그쪽 공장에서 생산됩니다."

우리나라에는 노트북 PC를 만드는 공장이 없다. 삼성도, LG도 모두 브랜드만 붙어 있을 뿐 제조는 노트북 PC 클러스터가 있는 쑤저우에서 이뤄진다. 노트북 PC 관련 업체라면 당연히 쑤저우로 가야 한다. 노트북 가방공장 역시 다르지 않다.

클러스터가 강력해지면 그렇게 주변의 관련 기업과 산업을 빨아들인다. 블랙홀처럼 말이다. 변두리에 어정쩡하게 있다가는 빨려들기 십상이다. PC 관련 업체라면 쑤저우로 가고, 에틸렌을 만드는 화공 관련 업체라면 이창 곁으로 가야 한다. 글로벌 주문이 그 클러스터로 몰려드는데 어쩌겠는가. 그 흐름에 적응하지 못하면 회사를 접어야 한다. 최보영 사장이 한국 원단을 들여올 수 없는 이유이다.

클러스터 전쟁이다. 그 전쟁에서 지면 산업 전체가 무너질 수도 있다. 중국도, 한국도, 일본도 클러스터 주도권을 잡기 위한 싸움을 벌이고 있다. '설마 폭망까지야…'라고 생각한다면, 너무 안일하다. 한국 조선업이 왜 절망의 지경까지 왔는가를 생각해보면 답이 나온다.

《한 · 중 · 일 경제 삼국지》의 저자 안현호 한국산업기술대 총장(전 지식경제부 차관)은 이렇게 말한다.

"결국은 클러스터 전쟁입니다. 그 전쟁에서 지면 기업을 빼앗기고, 또 일자리를 빼앗기고 맙니다. 방법? 있지요. 중국의 클러스터를 이길 수 있는 우리 클러스터를 조성하든가, 이길 수 없다면 합류하는 것입니다. 기술력 있는 부품으로 서플라이체인의 주역이 돼야 합니다. 이것도 저것도 아니라면, 우리 아들딸들에게 물려줄 일자리는 없습니다."

안 총장은 "일자리 전쟁이 국내뿐만 아니라 전 글로벌 차원에서 진행되고 있다"며 이같이 말했다.

그렇다면 우리는 빼앗기기만 하는가? 아니다. 안 총장의 말대로 우리도 국내에 중국을 이길 수 있는 보다 강력한 클러스터를 만들어 그들의 일자리를 빼앗아 와야 한다. 수원 · 기흥 · 평택의 반도체 클러스터, 울산 · 거제의 조선 클러스터, 여천의 화공 클러스터 등 우리에게도 무시 못할 클러스터가 있다.

클러스터의 생명은 자기완결형 서플라이체인이다. 보다 고도화된 서플라이체인을 확보하고, 이를 글로벌 체인과 연결하면 이길 수 있다. 핵심 산업, 핵심 제품(서비스)을 선정하고 정부가 클러스터의 기반을 조성해야 한다. 그게 산업정책 아니던가.

그래야 기업이 행복해진다. 이웃 중국에 형성된 서플라이체인에 뛰어들 것인가, 아니면 한국 클러스터로 갈 것인가를 놓고 저울질하면 되니까 말이다. 또 한편으로는 한국과 중국을 넘나드는 공급망을 스스로 만들어 제품을 팔 수도 있다. 작지만 강한 산업 클러스터, 기업을 행복하게 하고 젊은이들에게 일자리를 제공하는 터전이다.

이젠 반도체 차례인가…
_중국의 기술 추격에 흔들리는 한국 산업

상하이 특파원 시절 얘기다. 2003년부터 2006년까지 대략 3년 반의 기간이다. 당시 중국 기업을 취재할 때 그들에게서 자주 듣던 얘기가 있다.

"한 기자, 혹시 한국 조선업체 잘 아는 곳 있습니까? 소개해주십시오. 기자재업체라도 좋습니다. 지분투자, M&A 등 어떤 거래든 성사되면 3% 줄 수 있습니다."

'3%' 커미션에 솔깃했던 기억이 생생하다. 상하이에서도, 닝보(寧波)에서도, 롄윈강(連雲港)에서도 같은 제안을 들었다. '대체 무슨 일이 있기에 만나는 사람마다 조선, 조선 할까?' 궁금했던 기억이 생생하다.

기억을 더듬는다.

2003년 당시 옥포 조선소, 야간작업에 불야성을 이루고 있다.

태동은 2001년 말 중국의 WTO 가입이었다. 시장 개방 효과로 중국의 무역량이 급격히 늘었다. 2001~2007년 한 해 수출 증가율이 20~40%에 달했다. 브라질에서 철광석을 들여와야 했고, 미국으로 신발을 수출해야 했다. 배가 필요했다. '배를 잡아라!' 해운업계는 선박이 없어 아우성이었다. 당연히 선박 발주가 늘어날 수밖에 없었다.

당시 세상에서 배를 가장 빠르고 튼튼하게 그리고 가볍게 만드는 나라가 바로 한국이었다. 배 주문이 쏟아지면서 국내 조선업계는 즐거운 비명이 넘쳐났다. 현대중공업, 삼성중공업, 대우조선해양 등 빅 3는 대규모 시설 확장에 나섰다. 부품 기자재업체들도 완성 배를 만들겠다며 독(dock) 건설에 가담했다. STX라는 조선업계의 새로운 스타가 찬란한 빛을 발한 것도 그때쯤이다.

정부도 거들었다. 마음껏 지어라! 은행은 돈을 풀었다. 기업은 지을 공간이 없자 필리핀, 중국 등으로 달려갔다. 당시 한 경제신문 1면에는

'남해안에 조선 벨트가 형성되고 있다'는 기사가 실리기도 했다. 그렇게 우리 조선업계는 수주 풍년에 취해 있었다.

필자가 상하이에서 특파원으로 근무하던 게 바로 그때였다. 중국인들로부터 '3% 커미션 줄 테니 한국 조선업체를 소개해달라'는 부탁을 받던 시절 말이다. 그랬다. 그건 파국의 전조였다. 서해 바다를 건너오는 불길한 기운….

국내 조선업계가 대규모 투자에 나설 때 우리가 놓친 게 하나 있었다. 이웃 중국에서 무슨 일이 일어나고 있는지를 말이다.

중국은 2000년대 중반 자국이 만든 물동량은 자국 선박이 운송한다는 '국조국수(國造國輸)' 정책을 시행했다. '선박 국산화'인 셈이다. 대규모 조선산업 육성 방안이 발표됐다. 정부는 국유은행을 통해 돈을 풀었고, 국유 기업은 한국과 마주보고 있는 그들의 동해안에 독을 건설하기 시작했다. 중국 동부 연안의 주요 도시에 비 온 뒤 죽순 돋아나듯 조선 관련 업체가 생겼다. 우리가 '남해안에 조선 벨트가 형성되고 있다'며 흥분하던 바로 그 시간, 중국에서도 '동해안 조선 벨트'가 만들어지고 있었던 것이다.

중국의 '국조국수 공정'은 우리보다 훨씬 치열했다. 국유 기업을 중심으로 선단을 꾸리더니 확장 작업에 나섰다. 민영 조선소도 끼어들었다. 기술이 필요했다. 한국 조선업체와의 협력이 절실했다. 3% 커미션 제안은 그렇게 나왔다. 황해를 사이에 두고 마주 보고 있는 두 나라가 '배 만들기 경쟁'을 벌인 셈이다.

호황이 있으면 불황이 있는 법이다. 2008년 세계 금융위기가 터지면

ⓒ중앙일보

일감 반에 반토막…남해안 조선벨트 무너진다

수주 끊겨 지역경제 찬바람
중기 23곳 중 22곳 구조조정
통영 인구 한 해 800명 줄어

조선업 위기의 심각성을 보도한 중앙일보(2012. 10. 11)

서 시장은 싸늘하게 식었다. 밀려들던 주문은 사라지고, 새로 만든 독은 애물단지로 변했다.

중국 조선업계도 힘들었다. 그러나 그들에게는 국가(국유은행)라는 막강한 후원자가 있었다. 민영 조선소 몇 개가 넘어졌을 뿐, 국유 조선회사는 국가의 자금 지원을 등에 업고 수주량을 늘려나갔다.

그러나 한국은 달랐다. 모든 부담을 고스란히 업체가 떠안아야 했다. C&중공업이 쓰러졌고, 한진중공업, STX 등이 망가지는 등 가혹한 구조조정에 시달려야 했다. 기자재업계의 줄도산이 이어졌다. 이제는 현대 · 대우 · 삼성 등 빅 3마저 위험하단다.

2012년 우리는 결국 중국에 수주량 1위 자리를 내줘야 했다. 이젠 일본에도 뒤처질 판이다. 물론 기술 경쟁력으로 치면 우리가 중국에 비해 아직은 한참 위일 수 있다. 중국도 덤핑 수주가 문제가 돼 고통을 겪고 있고, 최근 수주 급감으로 위기 상황이다. 그러나 그런 사실이 한국의 '조선업 위기'에 정당성을 부여하지는 않는다. 우리의 잘못된 선택이 파국을 초래했기 때문이다.

중국을 봐야 했다. 중국과 물량 경쟁을 벌인다면 우리는 반드시 패한다. 모든 분야가 다 그렇다. 조선업계 역시 중국과 '묻지마 투자' 게임에 나설 게 아니라, 완성 배 업체와 기자재회사 간 공급사슬을 정비하는 등 내부 경쟁력 강화에 매진했어야 했다. 기술 개발에 더 돈을 투자해 고부가 영역을 개척했어야 했다. 정부는 중국 시장 상황을 충분히 반영해 정책을 수립하고, 정보를 제공해야 했다.

우리나라 정부는 위기가 터졌다 싶으면 대책회의라는 걸 한다. 그리고는 어느 분야를 육성할지를 고르고, 돈을 푼다. 그러나 그건 산업을 살리는 게 아니라 죽이는 길이다. 기업은 기술 개발이나 서비스 개선을 통해 문제를 해결하기보다는 정부 돈 따먹는 재미로 일을 벌일 것이기 때문이다. 오히려 자유로운 경쟁을 방해할 뿐이다.

그래서는 안 된다. 중국 산업이 어디로 가는지를 연구해서 기업에 길을 제시하는 것이 정부와 산하 연구기관이 할 일이다. 베이징 주중대사관의 경제공사, 산업관은 폼 잡으라고 있는 자리가 아니다. KOTRA는 높은 사람 오면 비행장에 나가 마중하고 접대하라고 있는 기관이 아니다.

정부가 산업정책을 짤 때에도, 기업이 경영 전략을 수립할 때에도 중국이라는 요소를 감안해야 한다. 그렇지 못하면 재앙일 뿐이다. 급속히 성장하는 중국의 산업 기술에 대처하는 길은 정부, 기업, 관련 단체 등이 스크럼을 짜고 똘똘 뭉치는 길뿐이다.

최근 주한 중국대사관에 나와 있는 중국 상무부 직원, CCPIT(중국국

제무역촉진위원회) 사람들과 식사를 했다. 그때 CCPIT의 한 직원이 필자에게 이렇게 물었다.

"한 기자, 혹시 반도체 부품업체 잘 아는 곳 있습니까? 소개해주십시오. 어떤 부품도 좋습니다. 성사되면 아마 커미션도 줄 수 있을 겁니다."

이건 또 무슨 얘기인가? 이제 반도체 차례인가?

고통의 역사는 반복될 것인가….

“카드는 안 받습니다”

_규제가 있는 한 개구리 도약은 남의 일

필자 얘기다. 중국에 출장 갈 때면 항상 신경 쓰이는 게 있으니, 바로 환전이다. 중국에는 비자, 마스터 등 국제 신용카드를 받지 않는 곳이 많다. 그러니 미리 런민비(人民幣)를 바꿔 가야 한다. 불편하다. 그래서 생각한 게 중국 ‘은련(銀聯)카드’였다. 중국인들이 사용하는 신용카드니 걱정 없을 터였다. 국내 한 은행에서 은련과 연계된 신용카드를 만들어 출장길에 올랐다.

룰루랄라~!! 이제 현금 없이도 안심하고 중국 갈 수 있게 됐다.

그런데 이게 웬일? 은련카드도 통하지 않는 곳이 너무 많다. 지난번 샤먼(厦門) 여행에서도 그랬다. 후배들에게 맥주 한잔 사줄 요량으로 식당에 갔다. 즐거운 시간을 보낸 뒤 계산하려고 은련카드를 당당하게

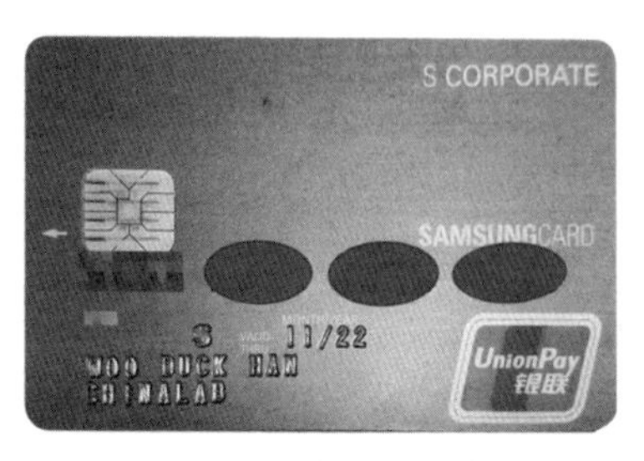

필자의 은련카드(유니온페이)

꺼냈다.

"오늘은 내가 쏠게. 내게 은련카드가 있어!"

근데 안 된다. 긁고 또 긁어도 안 된다. 해외에서 발행한 것이라 안 된다는 설명이다. 이제는 식당 종업원이 짜증을 낸다.

"위챗페이 없어요?" (종업원)

"신용카드가 안 되는데 위챗이라고 될까?" (필자)

"요즘 누가 신용카드 씁니까?" (종업원)

결국 옆에서 지켜보던 후배가 현금으로 계산했다.

중국의 모바일 페이가 폭넓게 사용되고 있다는 건 식상할 정도로 많이 들은 얘기다. 노점에서 과일 파는 아주머니도 QR코드를 걸어놓고 있고, 뻥튀기 아저씨도 튀밥을 건네주며 QR코드를 찍으라고 말한다. 필자가 주목하는 건 모바일 페이가 광범위하게 보급되었다는 그 사실이 아니라 발전 과정이다.

'개구리 도약(leapfrogging)'이라는 말이 있다. 기술 도약이다. 차근차근 발전 단계를 밟는 것이 아니라 껑충껑충 몇 단계를 훌쩍 뛰어넘는 발전이다. 쉽지 않다. 그런데 이게 중국에서는 흔한 일이다.

통신기기를 보자. 우리는 유선전화–삐삐(무선호출기)–시티폰(발신 전용 이동단말기)–폴더폰 등의 단계를 거쳐 지금의 스마트폰을 사용하고 있다. 단계적 발전이다. 그러나 중국은 시티폰 과정을 건너뛰어 폴더폰으로 도약했다. 지금은 스마트폰이 대세다.

중국에는 비디오가게가 없다. 조금 나오는가 싶더니 바로 VCD, DVD로 옮겨갔다. 자동차도 마찬가지다. 내연자동차 기술의 성숙 없이 전기자동차로 옮겨가는 분위기다. AI(인공지능), IoT(사물인터넷) 등 이른바 '제4차 산업혁명' 분야에서는 관련 기술의 축적 및 발전이 아닌 도약을 통해 산업 발전을 따라잡고 있다.

기술 후발국의 이점이다. 선진 기능을 그대로 복제하고 받아들이니 연구개발 비용이나 시행착오를 줄일 수 있다. 여기에는 또 다른 중요한 의미가 있다. 기술 기득권 세력의 '밥그릇 지키기'식 방해 없이 발전을

상하이 뻥튀기 아저씨의 알리페이

이룰 수 있다는 점이다.

한국의 상황을 보자. 모바일 결제는 기존 신용카드 회사들의 밥그릇을 빼앗기 마련이다. 당연히 반발한다. '카드업계 다 죽는다'고 아우성이다.

밥상머리에 같이 앉아 밥그릇을 나누고 있는 은행이 가세하면서 기득권의 목소리는 금융 당국으로 모아지게 되고, 그렇게 규제가 만들어진다. '밥그릇 철옹성'이 쌓이는 것이다. 그러니 발전이 어렵다.

그런데 중국은 그게 없다. 신용카드 살리라고 악다구니 치며 달려들 회사가 없기 때문이다. 유니온페이에는 안된 일이지만, 시장의 큰 흐름은 그렇게 모바일 결제로 흘러간다. 신용카드가 제대로 보급돼 있지 않았기에 모바일 페이가 오히려 더 빠르게 자리 잡고 있는 역설을 보고 있다.

인터넷 전문은행도 그렇다. 국내에서는 카카오뱅크가 영업 개시 2주 만에 가입자 200만 명을 돌파하는 등 흥행 대박을 쳤다고 난리다. 그러나 중국은 한참 앞섰다. 2014년 말 텐센트가 세운 위뱅크(WeBank)가 서비스를 시작한 이후 마이뱅크(MYbank. 알리바바)가 2015년 5월, XWbank(샤오미)가 2016년 12월부터 영업을 하고 있다. 2017년 말에는 바이두가 참여하는 Baixin 뱅크가 등장했다.

중국 금융업은 규제가 많기로 악명 높다. 금리가 당국의 통제를 받고 있고, 금융상품 개발에도 제약이 많다. 핀테크 분야 역시 규제가 많아야 정상이다. 그런데 그 반대다. 공익에 해가 되지 않는 한, 그리고 체제에 도전적이지 않는 한 정부는 민간의 혁신에 간섭하지 않는다(모르

©이매진차이나

중국은 핀테크에 관한 한 세계 최고 수준을 달리고 있다.
알리바바그룹 내 핀테크 회사인 앤트 파이낸셜.

기 때문에 개입하지 않는다는 얘기도 있다). 그 결과가 핀테크 강국이다. 중국인에게 핀테크는 이미 일상 그 자체다. 모바일 네티즌 약 7억 명 중에서 5억에 가까운 사람들이 스마트폰으로 결제한다.

중국의 기존 금융권도 초기에는 알리바바나 텐센트 같은 민간 IT기업이 주도하고 있던 핀테크에 부정적이었다. 그러나 2017년 하반기들어 태도가 180도 달라졌다. 민간 핀테크기업이 급성장하자 경쟁 대신 상생을 택했다. 같은 해 6월 22일 중국은행은 텐센트와 공동으로 네이멍구자치구에 '핀테크랩(실험실)'을 설립했다. 양사는 클라우드컴퓨팅, 빅데이터, 블록체인, 인공지능 등을 활용한 '보편적 금융' 서비스를 중점 연구할 계획이다.

이 연구센터가 갖는 의미는 이로써 중국 4대 은행(공상은행, 건설은행, 농업은행, 중국은행) 모두 인터넷 공룡들과 손을 잡게 됐다는 점이다. 공상은행은 징둥그룹과, 건설은행은 알리바바와, 농업은행은 바이두, 중국은행은 텐센트 등과 핀테크 분야 프로젝트를 진행하고 있다. 협력의 내용은 중국은행-텐센트 프로젝트와 비슷하다. 서로 갖고 있는 자원을 공유한다.

왜 이점이 없겠는가. 인터넷기업들은 은행이 보유한 다양한 금융상품과 데이터를 확보할 수 있고, 은행의 리스크관리시스템을 배울 수 있다. 은행 측이 얻는 이득도 쏠쏠하다. 인터넷기업의 첨단 IT기술을 배우고 각종 빅데이터를 활용할 수 있다.

우리는 다르다. 우리의 금융 당국은 온갖 규제를 쌓아놓고는 혁신을 방해한다. 그러니 핀테크산업이 순항할 리 없다. 인터넷 강국인데도 다른 나라에 비해 인터넷 전문은행의 도입이 늦었다. 중국이 2015년 초에 출범시킨 데 비해 우리는 2017년에 겨우 첫발을 내디뎠다. 원래부터 늦었던 건 아니다. 2007년에 도입을 추진했으나 산업자본이 은행 지분을 10%까지만 보유할 수 있도록 제한하는 규정 때문에 10년을 그냥 보내야 했다.

규제는 첩첩산중이다. 그들은 달리고, 우리는 멈추어 있다. 원인은 규제에 있다. 빅데이터 산업은 개인정보보호에 막혀 있고, 원격의료는 지방 병원의 반발에 묶여 있다. 우리 스스로 발목을 잡아놓고 옥신각신 싸운다. 누군가 죽어야 또 살아나는데, 안 죽겠다고 붙들고 있으니 그냥 다 함께 망하는 길로 간다. 규제가 사라지지 않는다면 개구리 도약은 남의 일일 뿐이다.

한진해운이 떠난 자리, 누가 채우고 있나

_글로벌 시장을 향한 중국 국유 기업의 포석

중국은 2008년 세계 금융위기가 터지자 당시 GDP의 약 17%에 달하는 4조 위안의 경기부양 자금을 풀었다. 그 자금이 몰린 곳이 바로 국유 기업이었다. 국유 기업은 그 돈으로 시설을 늘리고 업종을 다각화했다. '돈이 생겼으니 일단 쓰고 보자'라는 식으로 무분별한 투자가 이뤄졌다. 생산성은 더욱 떨어질 수밖에 없었다.

경제에 공짜 점심은 없는 법. 국유 기업의 '활약'으로 거시경제는 성장세를 유지했지만, 산업 현장은 왜곡되기 시작했다. 국가-국유은행-국유 기업이라는 부패의 삼각 고리가 형성됐고, 비대해진 국유 기업은 경제에 더 큰 부담을 주기 시작했다. 국유 기업은 전체 고정자산 투자의 약 3분의 1, 은행 대출의 약 30%를 차지한다. 그러나 부가가치 생산

액은 전체의 약 10분의 1에 불과한 실정이다.

그러기에 중국 국유 기업에 대한 이미지는 지극히 부정적이다. 낮은 생산성, 부패, 관료주의 등 한마디로 변화에 둔감한 공룡이다.

그게 다인가? 아니다. 해운업계를 보자.

한진해운에 파산 선고가 내려진 게 2017년 2월이다. 컨테이너에 큼지막하게 쓰인 'HANJIN'이라는 글씨는 더 이상 볼 수 없게 됐다. 한국 최대, 세계 7위의 한진이 사라지면서 한국 해운업계는 쪼그라들고 있는 중이다.

한진해운이 떠난 그곳에서 요즘 중국 국유 기업이 빠르게 빈자리를 채워가고 있다. 그곳에서 무슨 일이 벌어지고 있는지 보자.

2015년 12월, 중국의 대표적 해운회사인 중국원양해운(코스코, COSCO)이 중국해운(CSCL)을 인수했다. 두 회사는 국유 기업이다. 시장의 M&A 게임이 아닌, 중국 당국의 의지에 따른 합병이라는 얘기다. 코스코는 당시 M&A로 글로벌 10위권에서 4위 업체로 급성장했다. 중국 국유 기업의 경쟁력 강화를 위한 조치이겠거니 했다. 그런데 그게 끝이 아니었다. 중국의 시각은 보다 멀리 있었다. 글로벌 시장을 향한

이젠 볼 수 없게 된 한진해운의 화물선

포석이었다.

코스코는 중국해운을 손에 넣은 지 1년 반이 지난 2017년 7월 7일, 홍콩의 해운회사인 오리엔탈 오버시스(OOCL)의 주식 68.7%를 사들였다. 이날 종가에 31%의 프리미엄을 얹어 주당 10.07달러, 총 63억 달러(약 7조 3,000억 원)를 현금으로 지급했다. 어마어마한 현금 동원 능력이다. 코스코가 CSCL을 인수한 것은 OOCL 인수를 위한 사전 포석이었던 것으로 시장은 해석한다.

코스코는 세계 7위 해운사인 OOCL을 인수함으로써 글로벌 순위 4위에서 3위로 한 단계 더 오르게 된다. 업계 1, 2위인 덴마크의 머스크, 스위스의 MSC에는 불과 3~5% 포인트 뒤처져 있다. 업계에서는 5년 정도로 보고 있다. 코스코가 세계 최대 해운업체로 등장하는 시간 말이다.

글로벌 시장을 겨냥해 국유 기업을 합친 케이스는 많다. 중국 정부는 국유 화학업체인 중국화공그룹(Chemchina)과 중국중화그룹(Sinochem)을 합치는 작업을 진행 중이다. 중국화공은 세계 최대 농약회사이자 제3위 종자업체인 스위스 신젠타를 인수한 바로 그 회사다. 말도 많고 탈도 많았지만 2017년 6월 440억 달러에 인수를 끝냈다. 중국화공은 중국중화를 인수함으로써 자금력을 확보할 수 있게 된다. 세계 시장 전략에 따라 국내 대표 주자를 합친다는 얘기다.

철강도 그랬다. 2016년 중국 제2위 철강사 바오산(寶山)강철과 6위 우한(武漢)강철이 합병, 바오우강철로 출범했다. 세계 4위 포스코를 밟고 일약 2위로 올라섰다. 세계 4위 허베이(河北)강철과 서우두(首都)강철의 합병도 가시화되고 있다. 세계 톱10 철강사 중 5개가 중국 회사다. 포스코의 철강 신화가 무색해지고 있다.

중국의 국유 기업 수는 대략 15만 개 정도다. 이들 국유 기업이 산하에 두고 있거나 지분 투자한 기업을 합치면 몇 개에 달할지 정확히 알려지지 않는다. 이 중에서 중앙정부가 직접 관리하고 있는 국유 기업을 중양치예(中央企業), 줄여서 '양치(央企)'라고 한다. 현재 160개 기업이 양치로 분류된다.

요즘도 중국 국유 기업 업계에서는 주목할 만한 소식이 뻥뻥 터지고 있다. 뭉치고, 흡수되고, 퇴출되고… 굵직굵직한 것만 뽑아내면 다음과 같다.

중국베이처(北車)와 중국난처(南車) 합병

중국원양해운(COSCO)과 중국해운(CSCL) 합병

상하이 바오강(寶鋼)과 우한(武漢)강철 합병

중국핵공업그룹(CNNC)과 중핵건설그룹(CNEC) 합병

중국기계장비그룹, 차이나하이테크그룹 흡수

중국중기(重機), 중국항천(恒天) 흡수

선화(神華)그룹과 궈뎬(國電)그룹 합병…

모두 각 업계를 대표하는 기업들이다. 보도되지 않은 M&A는 더 많을 것이다.

당국의 노림수가 엿보인다. 핵심은 '크고 강하게(做大做强)'다. 중국 정부는 업종 내 주요 기업들을 하나로 뭉쳐 규모를 키운다. 엉성한 기

업은 다른 기업에 넘겨버린다. 플레이어가 줄어든 시장, 당연히 경쟁은 줄어든다. 국유 기업이 시장을 '농단'할 수 있도록 여건을 조성해주는 것이다. 중국식 국유 기업 경쟁력 강화 대책이다. 국내에서 에너지를 머금은 그들은 해외시장으로 달려간다. 중국은 그렇게 글로벌 기업을 키워내고 있다.

우리와 관계없는 일이라고? 그렇지 않다. 최근 국유 기업 구조조정은 철강, 기계, 전기, 화학 분야 등에 집중되어 있다. 우리나라의 주력 산업과 겹치는 분야다. 단기적으로 한계 기업이 시장에서 퇴출되면 우리 기업에 득이 될 수 있다. 그러나 그 개혁이 성공적으로 추진된다면 곧 위협이 될 수 있다. 우리나라 조선업체들이 글로벌 시장에서 밀린 것도 M&A를 통해 맷집을 키운 중국의 국유 기업 때문이었다.

"우리 기업은 중국 국유 기업과의 자본 · 기술 협력 가능성을 검토해야 한다. 특히 정보통신, 신소재, 방위산업, 우주항공 분야 등에서 국유 기업과의 협력도 타진해볼 필요가 있다."

한국무역협회 국제무역연구원이 내놓은 〈중국 국유 기업 개혁에 따른 국내 업계 영향과 시사점〉이라는 보고서에 나오는 내용이다(2017. 4. 19).

생산성이 낙후되어 있고 경쟁력에서 밀리는 비대한 공룡이라고 중국 국유 기업을 백안시해서는 안된다. 그들은 중국이 추진하려는 글로벌 시장 장악의 첨병으로 변하고 있다. 우리는 곧 이런 그들과 중국이 아닌 제3국의 시장에서 맞부딛칠 수도 있다. 한진의 빈자리를 그들이 채웠듯 말이다.

2부

뉴노멀_New Normal

혁신은 과학 실험실에서 나오지 않는다. 기업과 기층 내부에서 나오는 혁신이라야만 매력적인 일자리를 만든다. 알리바바, 바이두, 샤오미, 화웨이, DJI 등 중국 내부에서 벌어지고 있는 혁신 기업의 활약에 주목해야 한다. 그들은 외부에서 배우는 혁신이 아니라 스스로의 지혜와 상상력으로 혁신의 기회를 잡아가고 있다. 그런 점에서 중국의 능력을 높게 본다.

– 에드먼드 펠프스(Edmund Phelps) 미국 컬럼비아대학 교수

선전(深圳)의 힘
_실리콘밸리에 도전하는 그들의 무기 4가지

'중국 판이다.'

미국 라스베이거스에서 열리는 IT 가전 전시회 'CES'에 참석한 사람들이 하나같이 전하는 말이다. 중국 기업이 전시장을 대거 차지했다는 얘기다. 주최 측 자료에 따르면 2017년 전시회에 참가한 중국 업체는 1,294개로 전체 참가 회사의 32%를 차지했다. 3개 중 하나는 중국 기업이었던 셈이다. 2018년에도 크게 다르지 않았다. CES는 중국 기업이 장악했다는 말도 나온다.

그런데 당시 참가한 중국 기업들을 다시 분석하면 재미있는 사실을 발견하게 된다. 중국 참여 업체의 52.4%가 선전(深圳)에서 왔다는 점이다. 선전이 중국의 ICT를 주도하고 있다는 걸 보여준다. 선전 이외의 광둥 지역 기업은 238개(전체의 18.4%). 결국 CES에 참석한 중국 IT업체의 70%가 선전 또는 그 인근 지역에서 왔다는 얘기다.

화웨이, BYD, DJI, OPPO, TCL 등등. 이 밖에도 이름은 알려지지 않았지만 수많은 기업, 창업가들이 내일의 거부를 꿈꾸며 창업 대열에 뛰어들고 있는 곳이 바로 선전이다. 선전의 IT기업 얘기는 이미 흔한 스토리가 됐다. 언론, 인터넷의 주요 화제였다. '식상하다'라는 말이 나올 정도다. 그러나 우리는 이쯤에서 다시 물어야 한다.

왜 선전인가? 무엇이 오늘의 선전을 만들었는가?

선전에서 활동하고 있는 최문용 네이버랩스 총경리는 이렇게 답한다.

"선전은 최고의 하드웨어 생산단지입니다. 그동안 축적해온 제조 역량이 ICT로 연결되고 있는 거지요. 과거 이곳에는 다른 건 다 있는데 없는 게 딱 하나 있었습니다. 바로 아이디어지요. 그러니 '산자이(山寨)', 즉 '짝퉁의 도시'라는 악명을 얻었던 겁니다. 그러나 지금은 다릅니다. 이곳 선전으로 아이디어가 몰려들고 있습니다. 산자이의 본산이 ICT의 성지로 둔갑하고 있는 거지요."

그랬다. 선전은 '뭔가를 만드는 도시'였다. 1979년 경제특구로 문을 열 때부터 이웃 홍콩, 대만의 화교 공장들이 대거 선전과 그 주변으로 몰려들었다. 신발, 완구로부터 시작된 '다이궁(代工, 대리 생산)' 비즈니스는 1990년대 들어 가전, 컴퓨터로 발전했다.

한때 이런 말이 나왔다.

"선전과 이웃 둥관(東莞)을 잇는 고속도로가 막히면 전 세계 컴퓨터 생산의 70%가 차질을 빚게 된다."

ⓒ조상래

IT도시 선전을 상징하는 기업 텐센트 본사

선전의 컴퓨터 부품 제조 역량을 두고 한 말이다. 지금은 접었지만, 삼성SDI가 컴퓨터 회로기판을 만든 것도 이곳이다. LG전자도 백색 가전제품을 만들어 중국에 팔았다. 여기서 그치지 않았다. IT산업의 큰 흐름이 핸드폰으로 옮겨갈 때 선전은 핸드폰 메이커들로 붐볐고, 스마트폰이 폴더폰을 밀어낼 즈음에는 스마트폰 공장이 들어섰다. 그렇게 하드웨어 역량이 차곡차곡 쌓여왔던 것이다.

선전의 경쟁력은 아이러니하게도 '산자이'에서 나왔다. 저장성의 '고생을 마다하지 않는(吃苦)' 기업인들이 짝퉁 생활용품을 만들었다면, 선전의 '혁신가'들은 짝퉁 핸드폰을 만들었다. 지금도 시내 대규모 전자상가인 화창베이(華强北)에 가면 짝퉁 상품이 수두룩하다. 짝퉁 핸드폰 하나 조립하는 건 일도 아니다. 30분이면 아이폰6를 아이폰7으로 업그레이드해주는 곳이 바로 화창베이다.

다이궁과 산자이의 도시 선전. 그 선전이 어떻게 ICT 도시로 거듭날 수 있었을까? 이는 곧 선전에 어떻게 혁신적인 아이디어가 몰리게 됐느냐는 질문이기도 하다.

"선전은 혁신적인 젊은이들에게 이렇게 말합니다. '아이디어와 기술만 가져와라. 우리가 다 만들어주겠다.' 아이디어를 상품으로 연결해주겠다는 거지요. 아이디어를 실현시켜줄 하드웨어 제작 여건이 마련됐기에 가능한 얘기입니다."

정준규 코트라 선전 관장의 말이다.

실제로 그랬다. 선전의 크고 작은 공장들은 다양한 규모의 시제품을 만들어줄 수 있다. 10개도 가능하고, 1,000개도 가능하고, 1억 개도 만들 수 있다. 도면을 가져가면 그 자리에서 만들 수 있을지 여부를 알려준다. 일주일 안에 부품을 구하고, 시제품을 뚝딱 만들어 넘긴다. 10개를 만들어주는 화창베이 출신 '창업가'가 있고, '글로벌 다이궁'이라는 별명을 가진 폭스콘은 같은 제품을 한 달에 100만 개도 만들어줄 수 있다. 그곳이 바로 선전이다.

홍콩과기대학에서 공부하던 한 중국 유학생은 뭔가 날아가는 것에 관심이 많았다. 하늘에서 땅을 관찰하고, 하늘 길로 물건을 나르면 얼마나 편할까? 그는 지도 교수에게 우리 돈 약 3,000만 원을 빌려 창업을 하기로 했다. 어디로 갈까? 당연히 이웃 선전이다. 그가 원하는 시제품을 뚝딱 만들어줄 수 있는 곳이 바로 선전이기 때문이다. 그 업체가 바로 지금 세계 드론 시장을 장악한 DJI다.

하드웨어 역량이 갖춰졌고, 혁신적인 아이디어가 오고 있다. 자, 그렇다면 그다음에 필요한 게 뭔가?

돈이다. 창업 투자가가 선전으로 몰리기 시작했다. 아이디어를 발굴하고, 창업을 유도하고, 생산과 유통을 지원하는 액셀러레이터 기업이 속속 선전으로 몰려든 것이다. 그들은 지금 아이디어와 공장을 연결하고, 기존 공장에 새로운 아이디어를 공급하고 있다.

선전 하이테크단지인 난산(南山)에 자리 잡은 액셀러레이터 잉단(硬蛋)은 그 중 하나다. 이 회사 전시장에 들어가니 낯익은 로봇이 하나 눈에 들어온다. 조기교육 로봇이다. 어린이들에게 동화를 읽어주고, 그림책도 보여주고, 수학도 가르쳐준다. 엄마가 옆에서 아이 돌보듯, 꼬마 옆에서 놀아주고 교육을 시킨다. 중국 혁신 브랜드로 꼽혔던 제품이다.

"로봇제작회사인 융이다(勇藝達)는 평범한 다이궁 업체였습니다. 저희 잉단의 도움으로 완구에 인공지능 기술을 주입했지요. 인텔과 마이크로스프트 등의 기술 지원도 끌어냈습니다. 지금은 미국, 인도, 사우디 등 세계 각지로 수출도 합니다. 어엿한 4차 산업혁명 기업으로 거듭난 것이지요."

천징인(陳靜茵) 전시관 관장의 설명이다.

잉단은 IT 제조업체들을 서로 연결해주는 전자제품 소싱 전자상거래시스템인 커퉁신청(科通芯城, www.cogobuy.com)을 운영하고 있다. 이곳에 둥지를 틀고 파트너를 찾는 기업이 약 1만 5,000개에 이른다. 단순한 인큐베이팅과는 차원이 다른 회사다.

선전을 선전으로 만든 또 하나의 요인이 있다. 바로 정부다. 흔히 혁신은 민간 부문의 일로 여기기 쉽다. 그러나 중국은 정부도 혁신 대열에 참여한다. 단지 인터넷 플러스 정책을 추진하고, '대중창업 만중혁

융이다의 어린이 교육 로봇. 엑셀러레이터인 잉단은 평범한 교육분야 하청업체를
AI 개발회사로 바꿨다.

신'을 부르짖는 것을 말하는 것이 아니다. 선전은 정부와 민간이 짝짜꿍하면서 혁신을 이끌어간다.

중국 전기자동차업계의 첨단 기업으로 꼽히는 BYD의 출발 역시 '다이궁' 비즈니스였다. 지금도 삼성 스마트폰의 커버를 BYD가 만든다. 그렇게 축적한 제조 기술을 바탕으로 사업 영역을 배터리로 넓혔고, 결국 전기자동차에 이르게 된 것이다. 그 과정에서 정부의 도움이 결정적이었다. 엔진에서는 뒤졌지만, 전기자동차에서는 미국을 넘어서야 한다는 중국 정부의 정책이 모두 BYD에 투사되고 있다.

"우리는 정부와 긴밀하게 협력한다. 그룹 회장(왕촨푸)은 13차 5개년 계획의 자문위원으로 참석해 표준 설립에 관여한다. 개인보다는 정부 부문에 더 큰 기회가 있다. 버스, 경찰차, 항만 차량, 학교 등에서 필요한 전기차를 중점적으로 개발하고 있다. B2G, 각급 정부야말로 우리의 주요 고객이다."

천쉬밍 기업연수원장의 말이다.

선전 ICT의 상징 화웨이는 중국을 대표하는 민영 글로벌 기업이다. 전체 매출액의 10% 이상을 R&D에 투자한다. 그러나 이 회사가 오늘의 글로벌 기업으로 성장할 수 있었던 것은 정부의 각종 지원이 있기에 가능했다. 정부가 정책자금을 동원해 해외시장 개척을 지원했다는 건 공공연한 비밀이다.

자, 정리해보자. 하드웨어 기반이 있고, 아이디어가 몰리고, 그리고 돈이 모이면서 지금 선전에서는 '혁신의 진화'가 일어나고 있다. 여기에 정부가 개입하면서 글로벌 경쟁력은 더 커지고 있다. 애초부터 청년들의 혁신적인 아이디어로 무에서 유를 일구어낸 실리콘밸리와는 기본적으로 다른 선전의 혁신 DNA다.

"HAX라는 액셀러레이터는 본사를 샌프란시스코에서 아예 선전으로 옮겼습니다. 미래의 IT 비즈니스는 실리콘밸리가 아닌 선전이 주 무대로 등장할 것이라는 판단에서죠. 지금 선전에 혁신 생태계가 형성되고 있는 겁니다."

천징인 관장의 설명이다.

BYD는 BYD, 테슬라와 비교하지 말라!
_중국 전기차의 도약

중국이 미국을 제치고 세계 최대 자동차 생산국 겸 최대 시장으로 부상한 건 2010년이었다. 그 이후 1등 자리를 유지하고 있다. 2017년 약 2,888만 대를 생산했다. 미국보다 약 1,000만 대 많은 수준이다. 같은 시기 우리나라의 등록 자동차 대수는 약 2,253만 대. 우리나라 전체 자동차보다 많은 양의 차를 한 해에 뚝딱 만들어내는 나라가 중국이다.

그렇다고 중국을 자동차 강국이라고 할 수 있을까? 노(No)! 대국이라고는 해도 강국이라고는 할 수 없다. 중국 기술이 미국이나 독일, 일본 등을 따라잡으려면 한참 걸릴 것이기 때문이다.

그런 중국이 한판 대역전극을 준비하고 있다. 전기차 분야다. '엔진'에서는 졌지만 '전기차'로는 미국을 이기겠다는 각오다. 정부는 각종 전기차 경쟁력 강화 대책을 세우고, 관련 업체를 관리하고 있다. 중국 정부의 전기차 육성 의지가 어떤지는 '친환경차 의무 판매제'를 보면 안다. 정부 발표에 따르면 2019년부터 중국 내 모든 자동차업체는 전체 자동차 생산량의 8%에 해당하는 '친환경 자동차 포인트(점수)'를 쌓아야 한다. 친환경 자동차를 생산했을 때 얻는 점수라고 생각하면 된다. 일반 자동차 100만 대를 생산하는 업체라면 8만 포인트가 필요하다. 그래야 100만 대를 생산할 수 있다. 포인트를 채우지 못하면 다른 업체한테 돈 주고 사와야 한다. '탄소배출권 거래제'와 비슷하다. 이를 만족시키지 못하면 벌금을 내야 한다.

이 밖에도 정부의 전기차 육성 프로그램은 차고 넘친다. 정부가 이처럼 적극적으로 나서자 업계는 더 많은 돈을 친환경차 개발에 투자한다. 이를 대표하는 기업이 바로 BYD이다.

BYD는 워런 버핏이 2008년 지분 10%를 인수해서 화제가 됐던 기업이다(삼성전자도 5,100억 원 정도를 주고 1.92%의 주식을 인수했다). 그가 왜 BYD 주식을 샀는지, 선전의 거리에 나가면 금방 알 수 있다. 선전에서 굴러다니는 시내버스는 모두 전기차다. 당연히 BYD가 만든 차다.

BYD는 버스 전자 상황판을 운영한다. 지금 어떤 버스가 어디에서 운행하고 있는지 한눈에 알 수 있다. 버스가 고장 나거나 문제가 생기면 파란색 버스 표시가 빨간색으로 변하게 된다. 문제가 생기면 해당 버스 운전사와 연결해 즉각 대처토록 한다. '선전의 거리는 BYD가 콘트롤한다'는 말이 나온다.

선전의 시내버스는 모두 전기차. 회사 직원이 전기버스 운행 상황판을 설명하고 있다. BYD는 상황판을 통해 버스 운행 상황을 관리한다.

그렇다고 BYD가 전기차만 생산하는 건 아니다. 오히려 가솔린 엔진과 하이브리드가 더 많다. 2016년 BYD가 생산한 자동차는 49만 5,000대 정도 된다. 이 중 순수 전기차는 10만 대 정도였다. 물론 적지 않은 수준이다. 2년 연속 세계에서 가장 많이 전기자동차를 만드는 회사가 됐으니까 말이다.

BYD는 전기자동차 제작에 '542전략'을 추진하고 있다. 시속 100km까지 끌어올리는 데 걸리는 시간을 5초 이내로 줄이고, 강력한 4륜 구동 방식을 쓰며, 100km 주행에 드는 연료를 2리터로 줄인다는 얘기다.

BYD의 차세대 경쟁력은 뭐니뭐니해도 전기차다. 그중에서도 BYD가 자랑하는 모델이 'e6'다. 2012년 처음 등장한 이 자동차는 한 번 충전으로 300km를 갈 수 있단다. 서울-대전을 왕복할 수 있는 거리다. 전용 충전시설에서 15분이면 배터리 용량의 80%를 충전할 수 있다. 시속 100km에 도달하는 데 걸리는 시간은 약 10초 정도이고, 최고 시속 140km를 달릴 수 있다. 이 정도면 세계 최고의 기술 수준이란다. 가격은 사양에 따라 다르지만 소비자 가격은 대략 30~32만 위안(약 5,000만~5,280만 원) 정도이다. 물론 소비자는 정부 보조금 혜택을 받아 더 싸게 산다.

BYD가 전기차 분야에서 눈독을 들이는 시장은 바로 버스다. 현재 전 세계적으로 전기버스를 대규모 생산하는 곳은 BYD가 유일하다고 해도 과언이 아니다. K9 모델이 대표 선수다. 49인승으로, 한 번 충전으로 250km를 갈 수 있다. 4시간이면 충전된다. BYD 관계자는 "중국뿐만 아니라 미국, 영국, 일본 등 50여 개 나라에 K9이 운행된다"고 밝혔다. 한국도 공급 대상이다. 제주도의 우도에 20여 대가 시범 공급됐다.

BYD는 민간 자동차시장보다 '정부시장'에 관심이 많다. 버스, 경찰차, 항만 관리 차량 등은 대부분 정부가 구매한다. BYD의 성공 뒤에는 정부가 있는 것이다. 화웨이가 그랬듯 말이다. 그렇게 이들은 정부와 기업이 똘똘 뭉쳐 경쟁력을 높이고, 해외로 나간다.

"BYD의 전기차 실력은 알겠는데, 테슬라와 비교하면 어떤가? 테슬라를 이길 수 있겠는가?"

방문단을 맞이한 천쉬밍(陳旭明) 기업연수원장의 답변은 이랬다.

"BYD를 방문하는 사람 100이면 100 모두 같은 질문을 한다. 그 질문에는 BYD의 기술이 테슬라에 비해 크게 뒤지는 것 아니냐는 생각이 깔려 있다. 그러나 테슬라와 BYD는 여러 면에서 다르다. 테슬라는 자율주행자동차 개발에 역점을 두고 있다. 그러나 BYD는 에너지 절약형 자동차 개발을 중시한다. 배터리의 형질도 다르다. 테슬라가 NCA(니켈-코발트-알루미늄)를 쓰는 데 비해 우리는 보다 범용인 NCM(니

하이브리드카. Made by BYD. 브랜드 이름은 당(唐), 원(元), 송(宋) 등 왕조 이름에서 따왔다. 현재에 살고 있는 그들은 끊임없이 역사와 대화하고 있다.

켈-코발트-망간) 배터리를 채택하고 있다. 배터리 기술은 이미 세계 최고 수준이다. 테슬라는 상당 부분 외부 업체에서 관련 부품이나 기술을 조달하고 있지만, BYD는 배터리에서 완제품 조립에 이르기까지 일관된 서플라이체인을 구축하고 있다. 테슬라가 민간 승용차 시장을 겨냥한다면, 우리는 정부 부문 시장을 중시한다. 이처럼 BYD와 테슬라는 다르다."

BYD는 BYD일 뿐이니 테슬라와 비교하지 말라는 얘기다.

중국 IT 전시회의 한국 구두닦이업체
_한국과 중국의 4차 산업혁명 진행 현황

능률협회가 주관하는 기업 중국 연수프로그램에 참여했다. 선전의 IT 현장을 보기 위한 여정이었다. 가장 먼저 방문한 회사는 스프레드트럼(SpreadTrum)이다. 중국 '반도체 굴기'의 선두 주자로 잘 알려진 곳이다.

회사 로비로 들어가니 한 편에 계기판이 돌아가고 있었다. 2017년 5월 필자가 봤을 때 찍혀 있던 숫자는 '102億13102717'. 현재까지 이 회사가 생산한 핸드폰용 모바일칩 숫자가 102억 1,310만 2,717개에 달한다는 뜻이다.

어느 정도 규모일까?

"2016년 글로벌 모바일칩(AP. 스마트폰의 연산장치인 애플리케이션 프로세서) 시장에서 약 13%의 점유율을 기록했습니다. 퀄컴이 33%로

CES상하이 전시회에 나온 현대자동차. 현대차는 사드 사태가 터진 이후 판매량이 급감하면서 스마트카로 반전을 노리고 있다.

1위, 대만의 미디어텍이 31%로 2위, 그 뒤를 저희가 차지했지요. 가트너(Gartner) 통계가 그렇습니다. 삼성도 우리 제품을 가져다 씁니다."

방문단에게 회사를 소개하던 홍보 관계자의 설명이다. 그해 생산된 모바일 AP는 약 16억 개. 이 중 13%를 점유한다니 대략 그 규모를 알 수 있다.

중국 반도체 굴기의 지휘자인 칭화유니그룹이 스프레드트럼을 인수한 건 2013년이다. 칭화유니는 이듬해 통신칩 메이커인 RDA마이크로일렉트로닉스도 손에 넣었다. 두 회사를 통합해 설립한 게 바로 '유니그룹스프레드트럼RDA'다. 이 회사를 지주회사로 개편해 반도체 굴기를 주도하겠다는 게 칭화유니그룹의 전략이다.

"중국의 스마트폰이 지금 삼성폰을 시장에서 몰아낼 기세잖아요. 그게 다 스프레드트럼 덕택입니다. 회사가 보다 싼값에 AP를 공급하면서 중국 스마트폰 굴기에 힘을 보탰던 거지요."

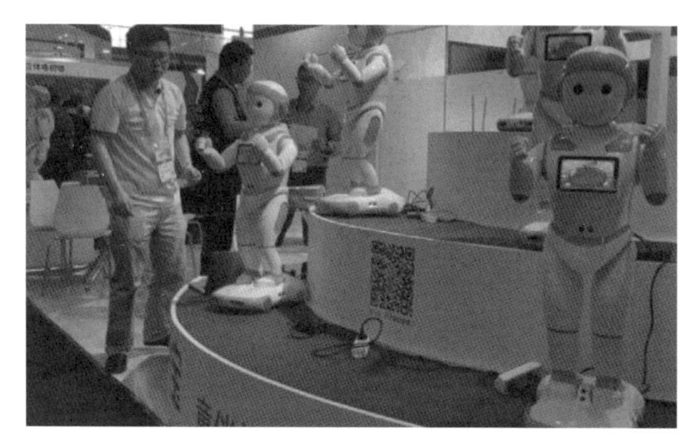

CES아시아. 상하이에서 열린 IT전시회에 더 많은 기업이 참여하고 있다.
날로 커가는 중국의 기술력과 광대한 시장이 만든 현상이다.

스프레드트럼과 기술 교류 프로젝트를 진행하고 있는 동부하이텍 관계자의 설명이다. 외국에 의존하던 AP를 국내 업체가 개발하고, 그 칩을 국내 스마트폰에 공급하고, 가격 경쟁력을 갖춘 스마트폰은 외국 브랜드를 시장에서 몰아내고…. 중국 산업계에서 새롭게 형성되고 있는 자기완결형 서플라이체인의 한 단면이다.

중국의 반도체 굴기는 잘 알려진 일이다. 2015년 이후 10년 동안 1조 위안(약 175조 원)을 쏟아 붓겠다는 계획을 세우고 착실히 진행중이다. 15% 정도에 그치는 반도체 자급률을 오는 2025년 70%까지 끌어올리겠다는 구상이다. 미 · 중 무역전쟁 와중에 미국이 ZTE 등 중국 기술업체 규제에 나서면서 중국의 반도체 기술 자립 프로젝트는 더 활발하게 진행되고 있다. 그들이 내건 기치는 '타도 한국'이다. 중국 인터넷을 보면 '왜 반도체를 한국에서 사와야 하느냐?' '중국은 언제 삼성을 넘어서느냐'는 등 반도체 분야에서도 한국을 밀쳐내겠다는 의지를 읽을 수 있다.

우리는 막연하게 한국 반도체가 중국보다 한참 앞섰다고 생각한다. 그러나 좀 더 세분화해 볼 필요가 있다. 반도체는 크게 메모리 반도체와 시스템(비메모리) 반도체로 나뉜다. 한국이 세계 시장에서 선두 자리를 지키고 있는 분야는 메모리 반도체다. 중국이 '한국 타도'를 외치고 있는 바로 그 영역이다. 중국은 현재 우한(武漢), 허페이(合肥), 푸젠(福建)성 등에서 초대형 비메모리 반도체 공장 건설 프로젝트를 추진중이다. 2018년 초 생산 체제에 들어간다.

메모리 분야에서 그들의 의도대로 삼성을 넘어설 수 있을지는 좀 더 두고 봐야 한다는 게 전문가들의 시각이다. 삼성과의 기술 수준 격차가 워낙 크고, 미국 트럼프 행정부의 견제가 작용하기 때문이다. '역시 메모리는 안 되는구나'라고 물러서는 모습도 감지된다.

그러나 시스템 반도체는 얘기가 달라진다. 시스템 반도체는 설계를 담당하는 '팹리스'와 팹리스 업체로부터 설계를 받아 생산을 담당하는 '파운드리'로 이원화된 구조다. 현재 중국에 있는 팹리스 업체는 1,300여 곳으로, 한국의 10배 수준이다. 시장 규모도 중국이 10배 이상 크다. 스프레드트럼은 그 중 하나다. 칭화유니는 스프레드트럼과 RDA 이외에도 이매지네이션(Imagination) 등 반도체 설계 기업에 대한 지분 인수와 투자를 통해 역량을 키워왔다.

산업 발전 과정을 볼 때 한국과 중국은 격차가 존재한다. 한국이 먼저 시작했고, 중국이 추격하는 양상이다. 한국은 일본에서 배웠고, 중국이 한국 것을 넘겨받는 모습이다. 백색가전이 그랬고, 조선이 그랬고, 또 철강이 그랬다. 반도체는 지금 그 경계선에 있다.

상하이 IT 전시회에 등장한 '5G 이정표'.
요즘 중국에서 열리는 IT 전시회의 가장 큰 이슈가 바로 5G이다.

그런데 지금 양국이 함께 시작하는 분야가 있다. 바로 인공지능, 가상현실, 사물인터넷 등을 일컫는 4차 산업혁명 부문이다. 이 영역은 두 나라 모두 같은 스타트라인에서 출발했고, 이제 막 걸음을 내디뎠다. 아직 누가 더 앞섰다고 얘기할 수 없다. 더욱더 치열한 선두 다툼이 벌어지는 영역이기도 하다. 과연 우리는 이길 수 있을까?

그 답을 알려면 중국에서 열리는 전시회를 가보면 된다. 필자가 2017, 2018년 6월 상하이에서 열린 CES아시아, MWC상하이 전시회를 모두 참가하고 얻은 결론은 '한국이 뒤졌다'라는 것이다. 중국 기업들은 정부와 스크럼을 짜고 4차 산업혁명 경쟁에 뛰어들고 있었다.

요즘 중국에서 열리는 전시회의 가장 큰 이슈는 단연 5세대 이동통신(5G)이다. MWC상하이에서는 중국 2위 통신장비업체인 ZTE가 차이나 모바일과 손잡고 광둥성 5G 시현 현장을 생중계하기도 했다. 우리가 평창동계올림픽 행사에서 5G 시범 서비스를 준비하고 있을 때 중국은 이미 광둥성 등 일부 광역 지역에서 5G 시험 운영을 실시하고 있었다.

전시회를 돌아보면 가장 많이 눈에 띄는 부스는 사물인터넷(IoT), 그중에서도 'NB(협대역)-IoT'다. 우리나라의 경우 SKT는 LoRa(로라)-IoT를, KT와 LG U+는 NB-IoT로 서로 다른 표준을 밀고 있는 상황이다. 그러나 중국은 모든 업체가 NB-IoT 하나의 표준으로 기반 기술부터 칩셋, 제품, 서비스 등을 집중적으로 준비하고 있다.

이유는 간단하다. 중국 정부가 NB-IoT를 표준으로 제시하고 있기 때문이다. 중국 당국은 민간과의 오랜 협의 끝에 오는 2020년까지 중국 전역에 150만 개 이상의 NB-IoT를 지원할 인프라 구축 계획을 마련했다. 가정에서 사용하는 홈 IoT, 지하상수도와 같은 공공시설 IoT, 교통 네트워크 IoT 등에 활용될 수 있도록 정부가 망을 짜고 있다. 중국 매체에 따르면 최대 6억 개 이상의 사물(제품)이 이 망에 연결될 것으로 예상된다. 정부가 이쪽으로 방향을 잡으니 업체들은 NB-IoT에 사활을 건다. 새로운 시장이 열리고 아직까지 룰 세터가 없는 상황에서 차이나 모바일. 차이나 유니콤, 차이나 텔레콤과 같은 통신사업자들은 물론 스마트폰이나 IT제품을 개발, 생산하는 중국의 대부분 업체들이 이 시장을 선점하기 위해 뛰어들고 있다. 그렇게 중국은 4차 산업혁명을 준비해가고 있다.

CES아시아 전시장을 둘러보다 한국 기업관이 있다고 해 발길을 그쪽으로 돌렸다. 한국에서는 어떤 기업이 나왔을까? IT 강국의 면모를 유감없이 보여주고 있겠지? 한국정보통신기술산업협회가 공동관을 설치했다고 했다. 고만고만한 작은 부스가 모여 있었다. '기대가 너무 컸구나'라는 생각이 들었다. 그 앞을 지나는데 한 사람이 달려든다.

"한국에서 오셨네요? 구두 닦고 가시지요?"

웬 구두? 관계자는 솔을 전동기로 구동하는 자동 구두닦이 기술이라고 했다. 소파도, 가죽 점퍼도 갖다 대기만 하면 쉽게 광을 낼 수 있다고 자랑했다. 그 회사 역시 엄연한 전시회 참가 업체였다.

한국관을 빠져나오며 일행들이 한마디씩 한다.

"아무리 전동 기술이라고 해도, 이게 도대체 CES와 무슨 상관이 있는 거지?", "중국 기업들은 드론이니, VR이니, 사물인터넷을 들고 자랑하고 있는데, '구두 잘 닦인다'라는 것밖에 할 말이 없나?", "이것이 한국 IT의 현실을 말해주는 것은 아닌가?"

한국 기업의 전시회 참여를 주관한 한 관계자는 "가겠다는 업체가 많지 않았다"라고 했다. "사드 여파로 업계에서 중국 시장에 대한 인식이 싸늘하게 식었다"는 설명이다. '라스베이거스 CES의 아류라는데 우리가 굳이 가야 하나?'라고 생각했을 수도 있다. '중국 전시회 가봐야 카피당할 게 뻔하다'는 생각도 중국 전시회를 피하는 이유이다.

그러나 우리가 중국을 외면하고 있는 바로 이 시간에도 스프레드트럼은 반도체 굴기 프로젝트를 소리 없이 진행하고 있고, DJI의 드론은 글로벌 물류시장의 판도를 바꿔가고 있다. 중국의 인공지능은 수능시험을 볼 정도로 발전 중이다. 아무리 생각해봐도 IT 전시회와 구두닦이는 어울리지 않는다.

110억짜리 자동차가 상하이로 간 까닭은?

_중국 자동차산업의 역사와 미래

'2017 상하이 모터쇼' 현장 1호관은 역시 상하이의 자부심 상하이자동차(上汽)그룹이 차지하고 있었다. 무대 중앙에서는 상하이자동차가 독자 개발한 룽웨이(榮威) 브랜드 자동차가 놓여 있었다. 뒤편의 거대한 디스플레이에는 룽웨이 홍보 영상이 흘러나오고, 미녀들은 자동차 주변을 돌며 관객들의 시선을 끌었다.

상하이VW(上海大衆), 상하이GM, 상하이GM우링, 뷰익(Buick), 쉐보레(Chevrolet), 캐딜락(Cadillac) 등 상하이자동차그룹이 생산하고 있는 브랜드는 여럿이다. 그중에서도 룽웨이 브랜드 승용차를 유독 강조하려는 이유는 뭘까?

그 이유를 알면 중국 자동차의 역사를 대충 파악할 수 있다.

상하이자동차 룽웨이 브랜드 전시 무대

상하이에 자동차가 처음 들어온 건 1901년이었다. 이후 상하이가 국제도시로 성장하면서 자동차는 늘어났고, 공산화되기 직전 상하이에는 약 3만 대가 굴러다니고 있었다. 아시아의 자동차 도시라고 할 만했다. 물론 모두 수입해온 차다. 자동차가 있으면 수리점이 있어야 하는 법. 1910년 프랑스 조계지에 상하이자동차엔진공장(上海汽車發動機廠)이라는 이름의 자동차 수리센터가 생겼고, 그게 성장하고 성장해 오늘의 상하이자동차로 발전했다.

상하이자동차는 현대 중국 자동차산업을 주도하고 있는 주역이기도 하다. 이 회사는 1984년 폭스바겐과 합작으로 상하이VW을 만들었다. 그게 시작이었다. 중국은 '시장 줄 테니 기술 다오(以市场换技術)' 전략으로 외국 기술을 습득하기 시작했다. 2000년대 초에는 미국 GM과 손을 잡기도 했다.

그런 식이다. 광저우자동차(廣汽)는 혼다와, 우한의 둥펑(東風)은 프랑스 시트로엥과, 베이징자동차(北汽)는 한국의 현대와, 창춘의 이치(一汽)자동차는 폭스바겐 등과 각각 파트너십을 맺고 서방의 선진 자동차 기술을 빨아들이기 시작했다. 물론 시장을 주고 말이다. 그렇게 자동차산업이 형성되기 시작했고, 지금은 5대 메이저가 시장을 주도하고 있다. 상하이의 상치, 창춘의 이치, 우한의 둥펑, 광저우의 광치, 베이징의 베이치(北汽) 등이다. 이 밖에도 지리(吉利), 화천(華晨), 창청(長城), 장링(江鈴), 치루이(奇瑞) 등의 토종 메이커가 시장 추격에 나서고 있다.

룽웨이는 상하이자동차가 그동안 축적한 기술로 '독자' 개발한 모델이다. 상하이VW이 외부에서 데려온 양아들이라면, 룽웨이는 자기가 직접 낳은 친자식인 셈이다. 그런데 이놈이 싹수가 있다. 알리바바와 함께 만든 이 자동차는 알리바바의 첨단 소프트웨어를 장착하고, 모바일 기술을 흡수했다. 핸드폰으로 작동하고, 알리페이로 주유를 하는 식이다. 기존 자동차 기술에 중국의 IT기술을 융합한 것이다. 외국 기술을 베끼는 데 주력했던 중국 자동차회사가 이제 제4차 산업혁명 시대에 걸맞은 기술을 장착하고 있다. 2016년 30만 대를 팔았고, 2017년에는 50만 대 이상 팔았단다.

중국에 자동차산업은 도저히 서구 기업을 따라잡을 수 없는 분야처럼 보였다. 서방 기술은 너무 멀리 있는 듯했다. 그러나 지금 중국은 한번 해볼 만한 영역이라며 입맛을 다시고 있다.

질적인 면에서도 무시할 수 없게 됐다. 외국 회사와의 합작을 통해 기술을 개방했던 중국 자동차회사들은 이제 서서히 독자 모델을 개발하기 시작했다. 룽웨이는 그걸 상징하는 브랜드다. '기술과 시장의 맞교환 작전'이 뚜렷한 효과를 내고 있는 것이다. 볼보(Volvo)를 인수한 지리자동차는 "모든 지리자동차는 볼보 기술과 다르지 않다"고 선언하기도 했다.

중국은 미래로 눈을 돌린다. 전기자동차다. 정부는 "가솔린자동차는 늦었지만, 전기자동차 등 차세대 분야에서는 기술 주도국이 되겠다"며 지원을 아끼지 않는다. 덕택에 이미 세계 전기차 시장의 60%를 차지하고 있다. 핵심은 배터리다. 중국은 일본, 한국 등과 호각지세를 이룰 정도의 기술을 보유하고 있다. 세계 톱10 배터리 기업 중 4개가 중국 기업이다(2018년 1분기 기준, SNE리서치). CATL(2위), BYD(6위), 궈쉬안(國軒, 9위), 완샹(萬向, 10위) 등이 주인공이다.

CATL을 주목할 필요가 있다. 이 회사는 LG화학을 제치고 파나소닉에 이은 세계 제2위 자동차 배터리 메이커로 올라섰다. 놀라운 성장세다. 이제는 세계 시장으로 나온다. 일본 혼다는 2020년 출시할 2,000만 원대 전기자동차용 배터리의 파트너로 CATL을 선택했다. 한 번 충전으로 300km를 달릴 수 있게 설계할 계획이다. 닛산, 폭스바겐, 다임러 등도 이 회사 배터리를 쓴다. 중국이 한국 배터리 기업을 '왕따'하는 동안 그들은 치밀하게 세계 시장을 잠식하고 있다.

더 무서운 건 중국 내에 자동차 클러스터가 형성되고 있다는 점이다. 상하이, 창춘, 우한, 광저우, 베이징 등에 거대 자동차단지가 형성되고 있다. 이들 지역은 부품에서 완성차에 이르기까지 완결된 생산 체제를 형성해나가고 있다. 현대자동차만 하더라도 중국 진출 초기에는 부품의 70%를 한국에서 가져갔지만, 이제는 거의 대부분을 중국에서 조달

세계에서 가장 비싼 차

한다. 엔진도 중국에서 만든다. 10년 후 세계인들은 디트로이트가 아닌 상하이나 창춘을 세계 최대 자동차 공업도시로 꼽을지도 모른다.

필자가 상하이에서 특파원 생활을 하던 2000년대 초까지만 해도 상하이 모터쇼의 완성차 전시관은 2~3곳에 불과했다. 그러나 2017 상하이 모터쇼에서는 8개에 달했다. 그것도 1, 2, 3, 4, 5관까지 중국 업체와 그 산하 합작사가 채웠다. 중국 자동차회사가 얼마나 성장했는지를 보여준다.

전시관은 뒤로 갈수록 더 화려했고, 재미있게 구성되어 있었다. 외국 자동차업체 전시관이 뒤로 몰려 있기 때문이다. 특히 8관은 핫플레이스였다. 그곳에 이번 전시회에서 가장 비싼 자동차가 전시되어 있었다.

이탈리아 아이코나가 제작한 '볼케이노 티타늄'이 주인공. 값이 무려 6,680만 위안, 우리 돈 110억 2,200만 원이다. 6.2L, V8엔진을 썼단다. 1,000마력에 2.8초면 시속 96km까지 올라간다. 최고 속도는 시속

354km. 그걸 보려고 8관 앞에 관객들이 끊임없이 몰려들었다. "설마 팔려고 내놓은 건 아니겠지? 아냐, 그래도 저걸 사는 사람은 중국인밖에 없을 거야." 관객들이 수근거리는 소리가 귀에 들어왔다.

6관과 8관은 대부분 외국 브랜드 차량이 꽉 잡고 있었다. 아우디, 캐딜락, BMW, 링컨콘티넨털, 렉서스, 재규어, 볼보 등 세상의 고급 차량은 다 모여 있는 듯싶었다.

그들은 왜 이곳에 모인 걸까? 답은 하나, 그곳에 시장이 있으니까 온 거다. 한 해 약 2,900만 대가 팔리는 곳, 그곳을 놓치고는 자동차의 미래를 논할 수 없는 것이다. 그 시장에서 밀리면 3류 자동차업체로 전락하게 되니 죽어라 달려드는 것이다. 그게 바로 2017 상하이 모터쇼가 보여주는 역학이다.

"이거요? 50만 위안(약 8,250만 원) 정도 합니다. 오늘 3대 계약했습니다."

링컨콘티넨털 전시장에서 만난 딜러 펑허(馮核) 씨의 설명이다.

기술 추격에 매진해왔던 로컬업체들은 서서히 기술 독립을 이뤄나가고, 부품업체들은 공급선을 따내기 위해 경쟁하고 있다. 소득 수준이 높아진 소비자들은 마이카 꿈에 부풀어 있고, 외국 메이커들은 그 소비자를 노리고 달려든다. 거대한 자동차 생태계가 형성되고 있고, 그 속에서 서플라이체인이 자리를 잡아가고 있다.

바로 우리 이웃 중국 시장에서 벌어지고 있는 일이다.

시간은 과연 미국의 편이었을까?
_트럼프가 무역전쟁의 포문을 연 이유

취업을 앞둔 대학 4학년생들에게 특강을 한 적이 있다. 이름만 대면 모두 알 만한 명문 대학이었다. 학생들에게 물었다.

"여러분, 미국과 중국을 일컬어 G2라고 하는데, G2의 'G'가 무엇의 약자입니까?"

한 학생이 "Great요!"라고 자신 있게 외쳤다. "틀렸다"고 하니, 그의 얼굴이 굳어졌다. 고개를 갸우뚱하던 그들은 'Grand', 'Good', 'Growth' 등의 답을 냈다. 모두 아니라고 했더니, 나중에는 한 녀석이 우스갯소리로 'Girl'이라고 했다. 모두 웃었다.

답은 'Group'이다. G7은 'Group of 7', G20는 'Group of 20'. G2는 미국과 중국을 묶어 'Group of 2'라고 표현한 데서 나온 것이다.

G2의 뜻을 명확히 알아야 할 이유는 그 속에 글로벌 경제의 흐름이 고스란히 담겨 있기 때문이다. 그 과정을 보면 이렇다.

1973년 오일쇼크 이후 세계 경제를 주도하는 나라는 서방 선진 7개국이었다. 미국, 프랑스, 영국, 독일, 일본, 캐나다, 이탈리아 등이다. 이들을 묶은 게 바로 G7이었다. 이들 '부자클럽'은 1975년부터 G7회의라는 이름으로 만나기 시작하더니, 재무장관과 중앙은행 총재, 정상 등이 수시로 만나 세계 경제를 재단했다. 일본의 잃어버린 20년을 가져왔다는 '플라자 협정(Plaza Accord)'도 그 결과물 중 하나다. 1985년 9월 22일 뉴욕의 플라자호텔에서 열린 G7 재무장관회의 결과가 플라자 협정이었다(당시 이탈리아와 캐나다는 참석하지 않아 사실상 G5회의가 됐다).

그러나 2008년 미국에서 금융위기가 터지면서 G7의 리더십이 타격을 받게 된다. 위기의 진원지가 G7의 핵심 국가인 미국이었던 때문이다. 침몰하는 세계 경제를 구하기 위해서는 신흥국까지 포괄하는 더 넓은 범위의 협의체가 필요했다. 그래서 생긴 게 주요 20개국 정상들의 모임인 'G20'다. 2010년 서울에서 열렸던 바로 그 회의다.

그런 한편에서 월가를 중심으로 '다른 나라 다 필요 없고, 미국과 중국만 나서면 된다'라는 주장이 제기된다. 2008년 금융위기는 미국과 중국의 불균형이 낳은 현상이므로 두 나라가 손을 잡고 문제를 해결해야 한다는 주장이다. 월가의 유명 칼럼니스트인 윌리엄 페섹이 "G2가 나서야 세계 경제 문제가 풀린다"며 거들었다. 물론 두 나라를 묶어 G2라고 했던 표현은 그 전에 학계에서 나왔는데, 본격적으로 쓰인 것은

G2 정상. 트럼프 대통령과 시진핑 주석의 스트롱맨 시대. 양국 관계가 협력적으로 흐를지 아니면 대결과 갈등 구도로 형성될지는 우리 국익과도 직결된 중요한 사안이다.

2008년 금융위기 이후였다.

G2의 역학관계를 보자.

2000년 5월, 미국 의회는 중국에 대한 '항구적 정상교역관계(PNTR)' 지위 부여를 놓고 논란을 벌이고 있었다. 중국이 PNTR 지위를 얻는다면 매년 거쳐야 하는 의회의 '최혜국대우(MFN)' 심사를 피할 수 있게 된다. 정상적인 교역 대상국이 되는 것이다. 중국이 바라고 또 바라던 일이다. 그러나 법안은 당시 야당이었던 공화당의 반발에 부딪히게 된다. 민주 · 공화 양당은 한 치의 양보 없는 기싸움을 벌였다.

이 사안은 당시 대통령 선거에서도 중요 이슈로 등장했다. 공화당 대통령 선거 후보였던 조지 W. 부시 전 대통령은 시애틀의 보잉공장을 방문했을 때 직원들이 보는 앞에서 PNTR에 대한 자신의 의견을 밝힌다.

"중국과 자유롭게 교역하라. 시간은 우리 편이다(Trade freely with China, and time is on our side)".

그의 논리는 분명했다. 중국 경제가 미국 덕에 성장한다면 반드시 자유시장경제 체제로 편입될 것이라는 주장이었다. 미국 경제가 중국을 압도할 수 있다는 자신감의 표현이기도 했다. '중국이 1달러짜리 셔츠 1억 장을 만들어 미국에 수출해 봐야 그들에게 1억 달러짜리 보잉기 한 대 팔면 그뿐'이라는 자신감이다.

덕택에 '중국 PNTR' 법안이 통과됐다. 공화당으로서도 대통령 후보가 찬성한다니 더 이상 밀어붙이기가 어려웠던 것이다. 더 나아가 중국은 그다음 해인 2001년 11월 WTO 가입에 성공했다. 미국의 '도움'이 있었기에 가능했던 일이다.

그로부터 17년, 시간은 정말 미국 편이었을까? 부시 전 대통령의 말대로 중국은 미국의 의지대로 움직이는 자유시장경제 국가가 되었을까?

아니다. 중국은 오히려 '이제 내가 글로벌 규칙을 정하겠다'고 미국에 도전하고 있다. '일대일로(一帶一路. 육상 · 해상 실크로드)'라는 거대한 경제블록을 설정해놓고 헤게모니를 넓혀갈 태세다. 정치적으로는 태평양을 나눠 관리하자고 나선다. 도널드 트럼프 대통령이 직면한 중국이기도 하다.

2018년 3월 트럼프는 중국을 향해 '무역전쟁'의 포탄을 쏘아 올렸다. 당시 그가 중국에서 들여오는 500억 달러어치의 수입품에 25%의 관세를 부과할 방침이라고 발표할 때까지만 해도 중국은 협상용 엄포로 생각했었다. 그러나 관세는 어김없이 부과됐고, 대상 품목은 갈수록 늘어났다. '내 기어이 중국의 버르장머리를 고쳐놓겠다'고 달려드는 양상이다.

전쟁의 씨앗은 2001년 중국의 WTO 가입 때 뿌려졌다. 트럼프는 중국의 WTO 가입으로 약 240만 개의 미국 일자리를 중국에 빼앗겼다고 여긴다. 그 대표적인 사례가 미국 노스캐롤라이나주의 대표적인 가구 도시인 히커리(Hickory)다. 이 도시는 1999년 실업률이 2% 남짓이었지만 2015년에는 15%로 높아졌다. 중국에서 가구가 쏟아져 들어왔기 때문이다. 2000년 44억 달러였던 미국의 중국산 가구 수입은 2015년 204억 달러로 급증했다. 서방의 자유무역 시스템으로 중국만 득 봤다는 게 트럼프의 시각이다.

미국이 지금 중국을 공격해야 하는 두 번째 이유는 '기술 도둑'이다. 중국은 언제나 미국 기술을 베끼는 데 익숙한 '짝퉁의 나라'였다. 그런데 요즘 좀 이상해졌다. 5G, AI, 전기자동차, IoT 등 차세대 먹거리 분야에서 미국을 압도할 기세다. 화웨이는 5G 영역에서 글로벌 스탠더드를 만들고, BYD는 전기차 시장에서 세계적인 기업으로 자라고 있다. 이른바 4차 산업혁명 분야에서 중국이 한판 뒤집기를 시도하고 있는 것이다. 게다가 정부는 '중국제조 2025'라는 국가 프로젝트로 혁신을 주도한다. 위협이 아닐 수 없다. 트럼프가 무역전쟁 초입에 대표적인 중국 ICT기업인 ZTE, 화웨이를 두들겨 팬 이유다.

무역전쟁은 종국적으로 거버넌스에 관련된 문제로 비화된다.

중국이 "엇! 미국 별것 아니네?"라고 생각한 건 2008년 세계 금융위기 때였다. 서방 자유시장경제의 본산이라는 월스트리트에서 금융위기가 터진 것이다. 중국은 4조 위안에 달하는 경기부양 자금을 풀어 독야청청 홀로 성장세를 누렸다. 미국의 양적완화(달러 풀기)에 넌더리를 친 중앙은행(중국인민은행) 행장 저우샤오촨은 "위안화를 기축통화의 반열에 올리겠다"며 위안화 국제화에 나섰다. "드디어 중국 사회주의가 자본주의를 구하는 시대가 왔다"라는 얘기도 나돌았다.

2012년 집권한 시진핑은 한발 더 나갔다. 위대했던 중화민족의 부흥을 외치며 '중국몽'을 국가 비전으로 제시했고, 유라시아 70여개 국가를 '일대일로 주변 국가'로 묶어 차이나 스탠더드를 선전하기 시작했다. ADB(아시아개발은행)를 대체할 AIIB(아시아인프라투자은행)도 만들었다. "태평양은 넓으니 미국과 중국이 나눠 관리하자"는 얘기를 꺼낸 것도 그때다. 미국 패권에 대한 도전이다.

지금 트럼프가 벌이고 있는 무역전쟁은 10년 전 시작된 중국의 패권 도전에 대한 응전이었던 것이다.

미국의 입장은 분명하다. 글로벌 밸류 체인(GVC)에서 중국을 쫓아내는 것이다. 중국은 WTO 가입을 통해 GVC에 깊숙하게 들어왔고, 이를 통해 기술을 빼내고 있다. 자국의 방대한 시장을 무기로 기술을 끌어들인 뒤 이를 흡수하고, 다시 혁신을 시도한다. 이 고리를 끊어야 한다는 게 트럼프의 확고한 생각이다.

미국은 중국이 서방화되지 않으리라는 걸 알고 있고, 중국은 언젠가 미국을 뛰어넘어야 할 대상이라고 여기고 있다. 미국과 중국의 균열 시대는 이미 시작됐다.

그러기에 이제 G2라는 용어를 더 이상 쓰지 말아야 한다. 그건 두 나라가 어떤 문제를 해결하기 위해 힘을 모을 때나 쓸 수 있는 말이다. 트럼프-시진핑 시기의 중국과는 어울리지 않는 용어다. G2의 'G'를 'Great'로 잘못 알고 쓴다면 더더욱 안 될 일이다.

일대일로에서 우리가 먹을 '떡'은 있는가?

_잔칫집 논리, 파티의 손님이어야 하는 이유

앞의 글에서 우리는 미중 역학 관계로 볼 때 '시간은 결코 미국 편이 아니었다'라는 사실을 알게 되었다. 중국은 오히려 여러 분야에서 미국의 신경을 건드릴 정도로 '중국 표준'을 만들어가고 있다. 그 한 예가 일대일로였다.

그렇다면 일대일로는 과연 어떤 의미를 갖고 있는 것일까? 우리에게 일대일로는 무엇일까? 좀 더 연구해볼 필요가 있겠다. 이 프로젝트야말로 지금 중국이 국가의 모든 역량을 쏟아붓는 사업이기 때문이다.

일대일로 취재 길. 중국 서부의 국경 도시인 호르고스에서 국경을 넘어 카자흐스탄으로 들어가 차를 달리니 끝없는 평야가 시작된다. 왼쪽에는 만년설이 덮인 천산산맥의 봉우리가 이어지고, 오른쪽으로는 초

원의 지평선이 펼쳐진다. 말 타고 달려보고 싶은 충동을 일으키는 초원이다. 카자흐스탄의 경제 도시 알마티는 5~6시간을 꼬박 달려야 하는 거리에 있었다.

드문드문 도로공사가 한창이었다. 기자 일행을 태운 택시 기사는 "중국 기업이 와서 하는 것"이라고 했다. 헬멧을 쓴 중국인도 눈에 띄었다. 중국의 건설회사는 그렇게 21세기 실크로드를 타고 서쪽 카자흐스탄으로 영역을 넓혀가고 있었다. 일대일로 건설의 현장이다.

2015년 5월 초 이뤄진 취재였다. 취재팀은 중국 대륙횡단철도(TCR)의 시발 도시인 롄윈강을 시작으로 정저우(鄭州), 시안, 우루무치, 호르고스, 알마티(카자흐스탄), 비슈케크(키르기스스탄), 타슈켄트(우즈베키스탄) 등에 이르는 길을 나눠 돌아봤다. 국내 언론에서는 처음 이뤄진 일대일로 현장 르포였다(중앙일보, 2015. 5. 15). 필자가 일대일로에 관심을 갖게 된 계기이기도 했다.

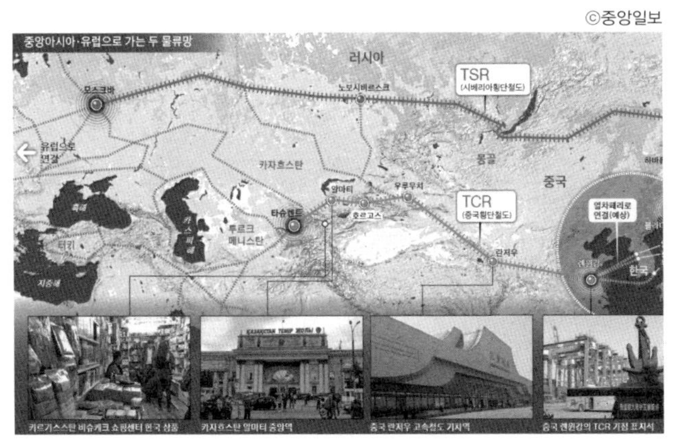

롄윈강에서 타슈켄트를 잇는 일대일로 물류망 TCR(중앙일보, 2015. 5. 15)

중국 서부의 국경도시 호르고스. 국경을 넘으면 바로 카자흐스탄의 초원이 나타난다

시진핑 주석의 브랜드가 찍혀 있는 국가 프로젝트인 일대일로는 그 후 우리 언론에 하루가 멀다 하고 등장했고, 이제는 친숙한 용어가 됐다. 우리는 그 의미도 대략 안다. 중국 북방에서 중앙아시아를 거쳐 유럽에 닿는 육상 실크로드, 중국 남부에서 해상을 따라 동남아–서남아–아프리카–중동–유럽으로 연결되는 해상 실크로드 주변의 60여 개 국가들끼리 교류와 협력을 늘려가자는 이니셔티브다. 물론 그 정점에는 중국이 있다. 앞에서도 간단히 언급했듯이 중국은 우선 SOC 건설 프로젝트를 협력의 첫 사업으로 제기했고, 이를 위해 막대한 자금을 부담하겠다고 나섰다. AIIB를 설립했고, 별도의 일대일로 투자기금도 조성했다.

그러나 지금 우리에게 중요한 것은 결국 이 한마디로 요약된다.

"그래서, 우리가 먹을 떡이 있긴 한 거야?"

인도양 항구 도시에서 항만 공사가 벌어지고 있고, 유라시아 곳곳에서 건설공사가 한창이다. 그 '건설 파티'에 우리가 참여할 공간은 있느냐는 질문이다. 그 문제의 해답을 얻기 위해서는 일대일로의 속성을 명확하게 알아야 한다. 우선 그 출범을 보자.

일대일로가 잉태된 건 2013년 9월 시진핑 주석의 카자흐스탄 방문과 11월 인도네시아 방문에서였다. 그는 카자흐스탄에서 육상 실크로드(일대), 인도네시아에서 해상 실크로드(일로)의 부활을 제안했다. 뚜렷한 방안이 있어서 나온 건 아니다. 그냥 두 나라를 방문하면서 어젠다를 포장하기 위해 제기했던 수사(修辭)였고, 구체적인 내용이 있는 것도 아니었다.

그러나 '일대'와 '일로'는 시진핑 주석의 집정 이념인 '중국몽(中國夢)'과 겹쳐지면서 국가 프로젝트 반열에 오르게 된다. 시 주석이 중국의 꿈을 제기한 건 2012년 11월 열린 제18차 당대회 직후다. 권력을 틀어쥔 시진핑은 '중화민족의 부흥'을 외쳤다. 그 프로파간다에 가장 잘 어울리는 게 바로 일대일로였다.

중국 역사에서 가장 위대했던 시절은 한(漢)나라와 당(唐)나라다. 실크로드를 개척한 때가 한나라요, 그 길을 따라 물자가 가장 활발하게 오고 간 시기가 당나라였다. 흔히 '강한성당(强漢盛唐. 강한 한나라, 번성한 당나라)'이라 불린다. 그러기에 실크로드를 현대에 복원하자는 일대일로는 중화민족의 부흥이라는 중국몽 철학을 현실화할 수 있는 가장 적절한 프로젝트였다.

중화민족의 부흥. 이는 곧 중국의 굴기이고, 중국 스탠더드의 글로벌 확장과 연결되는 사안이다. 최소한 그가 권좌에 있는 동안 이 프로젝트는 모든 국가 역량을 모아 성취해야 할 목표다. 시진핑의 자존심이 걸린 사안이기 때문이다.

그런데 문제가 생겼다. 서방의 여러 나라가 일대일로에 숨어 있는 중국의 패권 의도를 간파하고 경계하기 시작한 것이다. 일대일로가 주변국에 정치·외교적 영향력을 행사하기 위한 중국의 전략적 포석이라는 시각이다. 실제로 벌어지고 있는 일이다.

중국이 일대일로 프로젝트 과정에서 가장 공을 들이고 있는 나라가 파키스탄이다. 특히 남부의 과다르항 건설에 열성을 보이고 있다. 과다르에서 중국 카슈가르에 이르는 지역은 '중국-파키스탄 경제 회랑(CPEC)'이라는 이름으로 개발된다. 중국은 이 사업에서 철도, 도로, 항만 등에 620억 달러를 투자할 계획이다.

중국은 왜 그렇게 많은 돈을 들여 개발에 나선 것일까? 미국의 국제분쟁 관련 싱크탱크인 C4ADS는 군사적 목적이라고 분석한다. 중국은 중동과 아프리카 지역의 석유를 자국으로 실어 나르려면 말레이시아의

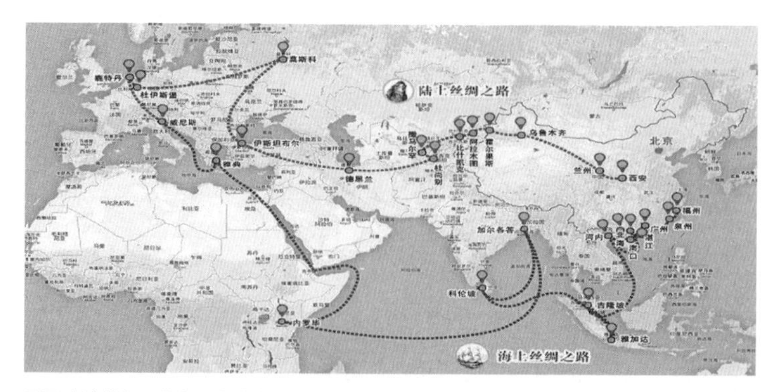

중국의 일대일로 개념도. 유라시아 대륙과 동남아, 서남아, 아프리카, 중동, 유럽 등에 걸쳐 있다.

믈라카해협을 통과해야만 한다. 미국이 장악하고 있는 곳이다. 미국이 틀어막으면 에너지 수송로가 봉쇄당한다. 이 때문에 중국은 에너지 수송로 곳곳에 자신의 거점을 만들어놓고 군사적 거점화의 기회를 호시탐탐 노리고 있는데, 그중 하나가 바로 과다르항이라는 게 C4ADS의 주장이다.

현실 국제정치에서도 이를 둘러싼 갈등이 나타난다. 중국을 국빈 방문한 에마뉘엘 마크롱 프랑스 대통령과 테리사 메이 영국 총리는 중국의 집요한 요구에도 일대일로 관련 양해각서(MOU)에 서명하지 않았다. 중국 주도의 국제 질서를 따르라는 의미라며 거부했다. 특히 마크롱 대통령은 실크로드가 시작된 시안에서 "일대일로는 일방통행로가 아니다"라고 말하기도 했다. 서방이 일대일로에 숨겨진 중국의 패권 의도를 경계하고 나선 것이다.

그렇다면 우리는 어떤 포지션을 취해야 할까?

정치적 측면으로 볼 때 '중국이 북을 치겠다고 나서면, 우리는 장구를 들고 따라가면 된다'는 게 필자 생각이다. 중국은 일대일로 추진에 친구가 필요하다. 누군가가 맞장구를 쳐주길 원한다. 우리가 일대일로의 나팔수가 될 이유는 없지만, 중국이 하는 일에 적당히 장단을 맞춰줄 필요는 있다. 일대일로는 시진핑의 자존심이 걸린 프로젝트임을 간과해선 안 된다. 우리가 딴지를 걸어 시진핑의 얼굴을 깎아내려서 득이 될 게 없다. 적당히 장단을 맞춰가면서 실익을 챙기면 된다.

문제는 실익이 있겠느냐는 것이다. 일대일로에서 우리가 먹을 수 있는 '떡' 말이다. 실제 수익은 기대했던 것보다 많지 않을 것이다. 일대일로의 경제적 속성을 볼 때 그렇다.

이 프로젝트는 중국을 정점으로 하는 '일대다자(一對多者)'의 수직적 구도다. 중국과 개별 국가 간 프로젝트가 진행될 뿐, 제3의 국가 간 수평적 협력이 이뤄지는 것은 아니다. 건설의 경우 대부분의 사업에서 프로젝트의 주체는 중국과 해당국이다. 제3국이 끼어들 여지는 많지 않다. 파키스탄에서 진행되고 있는 일대일로 건설 프로젝트에 한국 기업이 참여하기는 쉽지 않다. 어지간한 건 중국 기업이 다 한다. AIIB라는 다자개발은행(MDB)이 끼어들긴 하지만 그것 역시 중국 기업이 사업을 주도하는 경우가 대부분이다.

실제로 그렇다. 우리 건설사가 참여해 진행하고 있는 일대일로 프로젝트는 거의 없다. 2018년 3월 현재 총 건설 규모 6,800만 달러에 이르는 '방글라데시 배전시스템사업'에 LS전선과 효성이 일부 참여한 게 전부다. 한국수자원공사가 참여하는 조지아 넨스크라강의 수력발전(280MW 규모)사업은 얘기만 나왔지 아직도 심사 중이다. SK건설은 2018년 2월 카자흐스탄 알마티의 순환도로 건설 프로젝트(약 7억 3,000만 달러 규모)를 수주했다. 그러나 유럽부흥개발은행(EBRD), 국제금융공사(IFC) 등으로부터 자금을 융자받았을 뿐, AIIB와는 직접적인 관계가 없다. '말 많은 잔칫집에 먹을 떡은 별로 없다'는 얘기 그대로다.

우리의 문제도 있다. 국내 건설업체들이 AIIB 프로젝트 참여를 주저하는 이유 중 하나는 MDB(다자개발은행)시스템이 낯설다는 데 있다. 건설사들은 그동안 해당국 발주처를 통해 직접 수주했다. 그러나 MDB의 사업은 심사 절차가 까다롭고 길다. 경험이 없어 선뜻 나서기도 쉽지 않다. 우리의 AIIB 지분율은 3.81%로, 중국, 인도, 러시아, 독일에 이어 다섯 번째로 높다. 8명의 한국인이 직원으로 근무하고 있어 개발 정보에 접근할 수 있는 여지도 크다. 하기에 따라서는 실익을 얻을 수도 있지만, 이를 받아줄 여건이 조성되어 있지 않다.

지금으로서는 간접 효과에 주목할 필요가 있다. 한국은 지난 2010년부터 2017년까지 약 4,302억 달러의 해외 건설사업을 수주했다(해외건설협회 통계). 대부분 중동(49.5%)과 아시아(32.9%)에 몰려 있다. 이 기간의 수주 내용을 다시 국가별로 나눠보면 약 78.3%가 소위 말하는 '일대일로 연선(沿線) 국가'이다. 일대일로가 시작되기 훨씬 전에 한국의 건설사들이 이 지역에 진출해 활발하게 사업을 추진하고 있었다는 얘기가 된다. 일대일로가 이 지역의 개발 붐을 자극한다면, 그 혜택을 받을 수 있을 것이라는 논리가 가능하다. 중국이 동북3성 지역에서 러시아-몽골 등과 연계한 일대일로 프로젝트를 추진한다면 우리의 참여 여지는 더 커질 것으로 예상된다.

"중국의 일대일로가 우리 건설사업에 직접적인 영향을 준 건 아닙니다. 우리는 우리 하던 일을 계속할 뿐이지요. 다만 중국 돈이 들어오면서 이 분야 시장이 활성화되고 사업 발주가 늘어난다면 우리에게도 기회가 될 수는 있겠지요. 현재로서는 그냥 기대일 뿐입니다."

SK건설 관계자의 설명이다. 그는 "다만 해당 지역이 중국과 유럽을 잇는 '일대일로 도로'의 일부라는 점에서 연관성을 찾을 수 있다"며 "중국 돈이 카자흐스탄으로 밀려들면서 개발 수요를 자극하고 있다"고 말했다. 간접 효과가 없지는 않다는 설명이다.

한 가지 주목할 만한 게 있기는 하다. 북한의 압록강과 두만강의 각 하구 개발을 일대일로와 연계시키는 것이다. 남북관계가 호전되고 있다는 점을 감안하면 충분히 가능한 얘기다. 중국은 낙후된 동북3성 지역 개발을 위해 뭔가 돌파구가 필요한 실정이다. 압록강 하구는 랴오닝성 다롄(大連)과 묶어 개발하고, 두만강 유역의 경우는 중국-러시아-북한-한국 등이 참여하는 기존 개발 플랜을 살리면 된다. 북한이 AIIB에 가입한다면 그 작업은 빠르게 진행될 수도 있다.

일대일로는 중국이 벌이는 거대한 잔치다. 손님이 할 일은 가서 분위기 맞춰가며 즐겁게 먹어주기만 하면 된다. 두둑이 배를 불릴 수 있다면 그보다 더 좋을 수는 없을 것이다. 그게 바로 일대일로가 우리에게 주는 정치 · 경제학적 의미다.

그렇다면 과연 중국의 일대일로 전략은 성공할 것인가?

중국은 일대일로 추진 원칙으로 '5통(五通)'을 말한다. 일대일로 주변국가 간 정책 협력(政策溝通)을 이뤄내고, SOC를 잇고(設施聯通), 무역을 늘리고(貿易暢通), 자금을 서로 나누고(資金融通), 민심을 잇는(民心相通) 단계까지 확장시키자는 취지다. 그게 가능할까?

다시 호르고스에서 알마티로 가는 택시 안. 중국인에 대한 카자흐스탄 사람들의 생각이 궁금했다. "중국이 도로를 건설해준다니 카자흐스탄 사람들은 중국에 고마워하겠군요?"라는 질문에 대한 기사의 대답은 이랬다.

"고맙다고요? 무서워요. 중국 인부들은 공사할 때는 고분고분합니다. 카자흐스탄 정부 통제에도 잘 따르고요. 그러나 공사가 끝나갈 즈음 되면 하나둘씩 사라집니다. 도시로 흘러드는 거지요. 불법 체류도 하고, 갖은 수단으로 영주비자를 얻기도 합니다. 저들이 밀려와 살면 그 땅은 중국 것이 되는 거 아닌가요? 고마운 게 아니라 골치 아픈 존재입니다."

택시 운전사의 말에서 '민심상통'은 멀고 먼 얘기라는 걸 느꼈다. 중국은 일대일로로 주변국들에 경제적 혜택을 제시하면서 '운명 공동체'임을 강조하지만, 정작 그들은 그럴수록 더 위협을 느끼고 있다. 몽골, 미얀마, 라오스 등 대부분의 주변 나라가 그렇다. 그들은 경제적 혜택에 고마워하면서도 속으로는 중국의 순수성을 의심한다. 먹을 게 많다고 해서 오긴 왔는데, 진심으로 축하해주고 싶은 마음은 그다지 내키지 않는다. 그게 바로 일대일로의 한계다.

그가 BMW를 버리고 징둥으로 옮긴 까닭은?

_중국 유통혁명의 현장 이야기

30대 후반의 청년 란자(蘭嘉)는 중국 전자상거래업체인 징둥의 홍보팀 직원이다. 국제 홍보를 담당한다. 2018년 5월 말 필자와 만난 그는 "BMW차이나에서 징둥으로 옮긴 지 2주일 됐다"고 자신을 소개했다. BMW의 높은 연봉을 버렸다고? 왜? 이 질문에 대한 그의 대답은 명료했다.

"외국기업과 토종 민영 기업에는 두 가지 상반된 흐름이 있습니다. 외국기업은 중국 내 현지화 전략을 추진하는 반면, 민영 기업은 세계 시장을 향한 국제화에 관심을 두고 있습니다. 그 과정에서 홍보는 아주 중요한 업무이지요. 외국기업의 현지화 업무도 매력적입니다만 앞으로는 민영 기업의 국제화 과정이 더 재미있을 겁니다. 그래서 옮겼습니다."

돈 때문만은 아니라는 얘기다. 란자는 "안정된 외국기업보다는 커가는 민영 기업에 인생을 걸기 위해 옮겼다"고 말했다. 중국 젊은이들의 생각이 어디로 뻗치고 있는지를 가늠할 수 있다. 그가 징둥을 선택한 또 다른 이유는 '시진핑'이다. 그는 "소비 주도의 성장을 강조하고 있는 시진핑 주석은 요즘 '전자상거래를 중심으로 한 유통 구조 개편'을 자주 거론하고 있다"며 "징둥은 그 유통혁명의 주역이라는 점에서 선택하게 되었다"고 덧붙였다. 정책의 흐름을 읽었다는 말이다.

유통혁명. 도대체 중국의 소비시장에서는 무슨 일이 일어나고 있는 걸까?

11월 11일. 중국을 연구하는 사람들은 이날을 '빼빼로데이'가 아닌 '쐉스이(雙十一)'로 기억한다. 알리바바가 주관하는 쇼핑 파티의 날이다. 쐉스이 행사는 이제 전 세계의 관심사가 됐다. 2017년에도 다르지 않았다. 11월 11일 00시 00분. 알리바바 티몰(Tmall)의 거래량을 보여주는 전광판 수치가 숨 가쁘게 올라가기 시작했다. 하루 총거래액 1,682억 위안. 우리 돈으로 약 28조 3,000억 원이다. 미국의 블랙프라이데이와 아마존 프라임데이를 합친 것보다 3배 이상 큰 규모다. 가히 '혁명'이라고 부를 만하다. '제조업 대국' 중국에서 벌어지고 있는 일이기에 더욱 그렇다.

쐉스이가 알리바바 마윈의 작품이라면, 징둥 류창둥(劉强東) 회장에게는 '618'이 있다. 징둥 창립일인 6월 18일에 열리는 이 행사는 날짜만 다를 뿐 쐉스이와 같은 콘셉트의 전자상거래 쇼핑 파티다. 2017년의 경우 618 쇼핑 프로모션이 진행된 18일간(6월 1일~6월 18일) JD닷컴의 매출은 1,199억 위안(약 20조 원)을 돌파했다.

그런데 몇 가지 의문이 든다. 우선 배송이다. 2017년 솽스이 때 배송 주문 건수가 무려 8억 1,200만 개에 달했다. 하루에 8억 1,200만 개 상품을 포장하고 배달하는 것이다. 그게 가능할까? 그랬다. 아무런 문제도 발생하지 않았다. 대부분 24시간 내에 배달이 완료됐다. 상하이의 한 시민은 결제 완료 후 12분 만에 제품을 손에 넣기도 했다. 답은 스마트 물류에 있었다. 무인 물류센터에서 로봇이 제품을 분류하고, 산간 지역은 드론을 띄워 배달한다. 각 물류창고는 빅데이터를 통해 추출된 예상 주문량에 따라 미리미리 물품을 확보해놓고 주문을 기다린다.

알리바바 산하 물류네트워크회사인 차이냐오(菜鳥)는 2017년 50여 개의 '클라우드 물류창고(雲倉)'를 본격 가동했다. 실시간 발생하는 주문을 빅데이터로 분석, 자동으로 수요를 예측하고 재고와 배송 우선순위를 조정한다. 솽스이 날 상하이 근처 자싱(嘉興)시의 클라우드 창고는 고객 주문 이후 평균 3분 이내에 제품을 출고한 것으로 나타났다. 분류 정확도는 100%다.

징둥도 다르지 않다. 이 회사는 2017년 '618' 행사 기간 9곳의 스마트 물류센터를 가동했다. 로봇이 투입된 광둥 물류센터의 경우 기존 물류센터에 비해 분류 효율이 5~6배 이상 향상된 것으로 나타났다. '델타'라는 이름의 로봇은 시간당 3,600개의 상품을 분류해냈다. 드론도 실전 투입됐다. 징둥이 개발한 드론은 정해진 지점에 물품을 배송하고, 다시 돌아오는 역할을 완벽하게 수행했다. 장쑤성 쑤첸(宿遷)시는 상용

징둥의 데이터센터. JD닷컴 플랫폼을 통해 이뤄지는 거래 내역이 실시간 수치로 나타난다.

택배 드론이 첫 착륙한 도시로 기록됐다. 전자상거래 혁명은 그렇게 물류 지도마저 바꿔놓고 있다.

유통혁명에 드는 또 다른 의문은 전산처리 능력이다. 2017년 솽스이 때 초당 주문 건수는 약 32만 5,000건에 달했다. 똑딱 하는 사이 세종시 주민 전체가 동일 인터넷 쇼핑몰에서 동시에 물건을 주문한 셈이다. 이날 이뤄진 결제 건수는 14억 8,000만 건. 컴퓨터가 초당 약 32만 5,000건의 주문을 받고, 1만 7,000건의 결제를 처리한 셈이다. 어지간한 컴퓨터로는 부하를 견뎌내기 어려울 터. 그러나 아무런 문제가 없었다. 알리바바의 컴퓨터는 그 많은 정보를 한 건의 오류도 없이 완벽하게 처리해냈다. 알리바바 클라우드의 뛰어난 데이터 처리 기술이 있었기에 가능한 일이었다.

이 회사의 레오 류 홍콩 · 마카오 · 타이완 · 한국 지역 총괄을 만나 비결을 물었다.

"지난 2016년 클라우드 컴퓨팅 경진대회인 클라우드소트(CloudSort)에서 1위를 차지했습니다. 1TB의 데이터를 처리하는 데 든 비용이 1.44 달러. 2014년 AWS(아마존웹서비스)의 1TB 당 4.51달러 기록을 큰 차이로 넘어섰습니다. 자체 개발한 클라우드 컴퓨팅 엔진인 압사라(Apsara)는 수십억 개의 상품들을 고객이 가장 빠르고 편하게 찾을 수 있도록 끊임없이 검색 알고리즘을 개선시켜왔습니다."

알리바바와 징둥의 소비유통혁명은 중국 제4차 산업혁명의 현주소다. 4차 산업혁명의 핵심은 AI요, 그 AI를 가능케 해주는 게 빅데이터다. 마윈이 입만 열면 빅데이터, 빅데이터 하는 이유다. 그가 일으키고 있는 혁명의 물결은 지금 중국 전역으로 퍼지고 있는 중이다.

2018년 8월 '세계의 지붕'이라는 티베트를 다녀왔다. 오지 중의 오지, 신(神)의 땅이라는 곳이다. 3박 4일의 일정 중 가장 기억에 남는 건 관세음보살이 살고 있다는 포탈라궁도 아니요, 12살 부처님의 등신불이 모셔져 있다는 대조사(大昭寺)도, 거리를 채우는 오체투지 인파도 아니었다. 필자의 머리를 쳤던 건 시짱(西藏)대학 전산센터였다.

관계자들의 안내로 들어간 전산센터 벽면에는 대형 디스플레이가 설치되어 있었다. 스크린의 수치는 계속 바뀐다. 원형그래프가 나타나는가 하면, 막대그래프도 있다. '무슨 숫자냐?'는 질문에 관계자는 이렇게 설명한다.

"지금 티베트를 방문하는 관광객 상황을 실시간으로 보여줍니다. 각 관광 사이트별로 몇 명의 여행객이 있는지, 이들은 어디서 왔는지, 성별은 어떤지, 어디서 묵는지 등을 한눈에 알 수 있습니다. 그렇게 모아

시짱(西藏)대학의 전산센터. 티베트의 여행객 현황을 일목요연하게 보여주고 있다.
추적된 자료는 빅데이터로 활용된다.

진 자료는 빅데이터로 활용됩니다."

징둥이나 시트립 등에서 봤던 빅데이터 센터와 규모만 다를 뿐 실시간 분석 구조는 다르지 않았다. 중국 ICT기술이 서쪽 저 멀리 오지에서도 실제로 활용되고 있다는 게 놀라울 뿐이었다. 시짱대학에서도 제4차 산업혁명의 총아라는 빅데이터가 만들어지고 있는 것이다.

누군가는 "티베트에 대한 감시와 통제가 필요해 이런 빅데이터 센터를 만들었을 뿐"이라고 폄하할지도 모른다. 우리를 돌아보자. 우리나라 국내 주요 여행지에 관광객이 몇 명이나 있는지, 외국 관광객이 어디를 가는지, 무엇을 사는지 등에 대한 실시간 데이터가 있던가? 적어도 한국관광공사에는 그런 빅데이터 센터가 있을 법도 하지만, 없다. 필요한 건 마찬가지이지만 티베트에는 있고, 한국에는 없다. 이게 혹 양국 간 제4차 산업혁명의 역량 차이를 보여주는 건 아닐까? 경각심을 가져야 할 일이다.

중국 공산당, 흔들릴 것인가?

_중국 정치 · 사회 · 경제의 함수관계

"경제가 발전하면 민의가 높아지고, 개인의 자유와 민주 의식도 생기고, 그게 정치적인 요구로 발전하고, 결국 사회 혼란으로 이어지는 건 당연해 보입니다. 중국이 과연 그걸 피해갈 수 있을까요?"

한마디로 '중국에서 민주화운동이 일어나는 것 아니냐?'는 물음이다. 우리가 경험했던 대로 말이다. 시진핑의 종신집권 문제가 일부 중국 지식인들의 반발을 불러일으키고, 그게 우리 언론에 전해지면서 이런 질문은 더 많이 제기되고 있다. 미국과 중국이 무역전쟁을 벌이자 서방의 많은 전문가들은 "이번에야 말로 중국이 트럼프에 패배해 위기에 직면할 것"이라고 말한다. 중국에 뭔가 이상 조짐이 있을 때 '중국붕괴론', '중국의 몰락', '중국경제 하드랜딩' 등은 여지없이 등장한다.

중국 붕괴론이 제기된 건 1990년대 초부터였지 싶다. 특히 1989년 천안문 사태가 일어난 직후 심했다. 당시 미국 CIA는 '중국이 유럽처럼 분열될 것'이라는 분석 자료를 내놓기도 했다. '중국의 몰락'을 예견하는 책이 쏟아졌다. 2001년 중국이 WTO에 가입한 후에도 그치지 않았다. '경제가 발전할수록 자유민주주의를 요구하는 목소리는 커질 수밖에 없다'는 논리다.

그런데 어찌 됐는가? 잘 버티고 있다. 아니, 버티는 수준이 아니라 미국과 맞짱 뜨겠다며 대드는 형국이다. 분명 경제는 발전했는데, 자유민주주의에 대한 욕구가 사회 전면으로 분출되지는 않았다. 그 많은 '몰락 전망'은 지금까지만 봐서는 틀렸다.

물론 천안문 사태 이후 민주화 요구를 위한 집단행동이 아주 없었던 건 아니다. 공산당 독재를 마감하고 정치 민주화를 이뤄야 한다고 요구한 '08헌장'이 대표적인 예다. 이 운동을 주도한 류샤오보는 노벨상을 받기도 했다. 그러나 그게 끝이다. 류의 죽음과 함께 '08헌장'도 잊혀져 가고 있다. 공산당의 장악력은 오히려 더 거세지고 있다. 시진핑의 종신집권에 대한 반발은 지식인과 학생 일각에서 꾸준히 제기될 것이지만 그 반발로 민주화운동이 일어나고 사회가 혼란에 빠질 것이냐는 건 또 다른 문제다.

우리는 이제 질문을 바꿔야 한다.

"중국에서는 왜 자유민주주의에 대한 요구가 약한가?", "경제가 발전했는데도 어찌하여 사회 불안 현상은 나타나지 않는가?"

우선 이런 답이 나온다.

2005년 상하이에서 발발한 반일 시위. 상하이의 젊은이들이 대거 참여했지만, 공청단이 주도한 관제 데모였다. 전문가들은 이때부터 중국 젊은이들의 민족주의 성향이 짙어졌다고 본다.

"공산당이 강압 정치를 하니까", "민주 인사를 격리시키고 탄압하니까."

그러나 충분한 답은 아니다. 중국이 어디 그리 모든 걸 '이것 아니면 저것'이라는 식으로 나눌 수 있는 나라이던가.

'지식인들이 뭘 생각하느냐'가 중요하다. 민중의 불만이나 요구를 응집해 이를 정치화하는 건 역시 지식인들의 몫일 테니까 말이다. 특히 체제에 도전할 만한 자유주의 성향의 지식인들을 살펴야 한다. 그들의 머릿속에 무엇이 있는지를 봐야 한다.

2017년 7월 27일 자 월스트리트저널(WSJ) 보도는 생각의 단초를 제공한다. '중국 젊은이들에게 서방의 매력이 점점 사라지고 있다'라는 제목의 1면 기사였다.

"2015-2016년 학기, 미국 대학에 등록한 중국 유학생들은 32만 8,547명이었다. 최고 기록이다. 재미있는 건 이들 학생 중 80%가 졸업 후 중국으로 귀국할 마음을 갖고 있다는 점이다. 예전에는 대부분 '가능하면 미국에 남고 싶다'고 했는데 말이다."

그들이 중국으로 돌아가는 가장 큰 이유는 '그곳에 일자리가 많아서'일 것이다. 그러나 그게 다는 아니다. WSJ은 '그들이 중국을 선택한 데는 애국심이 크게 작용하고 있다'고 봤다.

"미국, 유럽, 호주, 한국, 일본 등에서 공부하고 있는 131명의 학생들을 조사한 결과 80%에 달하는 학생이 '국내에 있을 때보다 지금 더 애국심을 느낀다'고 답했다. 약 3분의 2 이상의 학생들이 시진핑 주석의 '중국몽'에 동의하고 있다."

유학생들은 서방의 사조를 중국에 전파할 수 있는 세력이다. 이런 그들이 미국이 아닌 중국시스템 예찬을 늘어놓고 있는 것이다. 2017년 5월 미국에 유학 중인 한 중국 유학생은 "중국 공기가 나빠 미국으로 유학을 왔다"며 미국의 깨끗한 공기와 언론 자유를 찬양했다가 누리꾼들의 뭇매를 맞아야 했다. 조국을 배신했다며 중국으로 돌아오지 말라는 비난이 쏟아졌다. WSJ의 보도는 이게 단순한 해프닝이 아니라 중국 젊은이들의 일반적인 생각일 수도 있다는 걸 보여준다.

"중국의 젊은이들은 '미국이 주창하는 다당제 민주주의라는 게 반드시 옳은 것인가?', '돈으로 표를 사고, 정쟁으로 국력을 낭비하는데도 그 시스템을 따라 해야 하나?'라고 질문을 던진다. 중국의 젊은 유학생들은 '경제성장은 곧 민주주의 확산으로 이어질 것'이라는 서방의 통념에 도전하고 있다."

중국의 경제성장이 중국의 권위주의 체제를 더욱 굳건하게 만들어주는 역할을 하고 있다는 지적이다. 시진핑의 중국몽으로 응결되고 있는 민족주의가 젊은이들의 사고에 파고들고 있다.

시진핑 체제 등장 이후 해외 유학 중인 중국 학생들의 '애국심'은 더 커져가고 있다는 분석이다.

기성 지식인들은 어떨까? 중국에서 순수 정치학 연구는 약하다. 공산당 일당 체제에서 정치의 다원화를 가르치지 않기 때문이다. 지식인의 사고를 읽기 위해서는 경제학 분야를 보는 게 오히려 낫다.

중국 경제학계는 흔히 시장파(자유주의 학파)와 국가의 역할을 중시하는 신좌파로 구별된다. 서방시스템을 선호하는 지식인들은 주로 시장파 전문가들이다. 그들은 시장을 중시하며 정부의 역할은 가급적 줄여야 한다고 생각한다.

이런 그들에게조차 '공산당 독재를 어떻게 생각하십니까?'라고 묻는다면 대단한 실례다. 그들이 자유주의 성향을 가졌다고 해서 '공산당에 반감을 갖고 있겠지'라고 생각한다면 큰 오산이다. 좌파 성향의 학자들은 말할 것도 없고, 자유주의 성향의 학자들 역시 공산당 전제 정치를 인정한다. 그들이 당에 대해 한두 마디 비판적인 발언을 했다고 해서 '체제에 반대한다'라고 속단하면 안 된다.

왜 그럴까? 지식인 사회의 역사를 봐야 한다.

1989년 6월 천안문 사태가 터졌다. 지식인들은 천안문광장을 피로 물들인 탱크를 봤다. 좌절이었다. 그들은 흩어졌다. 일부는 장사의 길로 접어들고, 일부는 지방으로 내려가고, 또 일부는 해외로 유학을 떠났다. 문화대혁명(1966~1976)으로 씨가 말랐던 지식인 사회가 1978년 개혁개방 이후 10여 년 만에 또다시 위기에 직면한 것이다.

중국의 대표적인 시장파 경제학자들. 왼쪽부터 시계 방향으로
우징롄, 장웨이잉, 쉬샤오녠, 런즈창, 린이푸, 천즈우.

절망한 많은 지식인들이 해외 유학길에 올랐다. 도피라고 해도 좋다. 대부분 경제학 아니면 이공계를 선택했다. 정치학이나 사회학은 왠지 그들의 영역이 아니라는 생각에서다.

1990년대 중반쯤 미국에 유학하던 중국 학생들은 졸업 후 '남아야 하나 아니면 중국으로 돌아가야 하나'를 두고 선택의 기로에 놓였다. 일부는 귀국했다. 당시 중국의 정치 상황이 '기대해볼 만하다'라는 생각에서였다. 장쩌민-주룽지 시대였다. 덩샤오핑의 남순강화(1992) 이후 중국은 다시 개혁개방의 기치를 높게 들고 있었다. 공식적으로 '사회주의 시장경제' 노선이 채택되기도 했다(1993).

귀국한 해외 유학파들은 서방 경제를 국내에 들여왔다. 국내에서 활동하고 있던 우징롄, 리이닝 등 원조 시장파 학자들과 만나 '시장파'를 형성하게 된다. 이들 덕택에 1990년대 중반부터 약 10년 동안 중국 경제학계에서는 자유주의 사조가 학계의 주류로 자리 잡게 된다.

그런데 이들 자유주의 성향의 시장파 학자들이 건드리지 않는 부분이 있다. 바로 정치다. 그들은 공산당 권위주의 체제를 인정한다. 체제 내에서 경제 개혁을 이뤄내야 한다는 것이다. 그들은 오히려 공산당 체제를 인정했고, 일부는 적극적으로 동조하기도 한다.

"시장파 경제학자들이 권위주의 공산당과 손을 잡았다. 학문의 영역을 인정해줄 테니 정치 체제는 건드리지 말라는 약속이다."

영국의 중국 문제 전문가 마크 레너드가 자신의 책 《중국은 무엇을 생각하는가(What Does China Think)?》에서 한 말이다. 지식과 권력의 결탁(?)인 셈이다.

시진핑은 장기 집권 의지를 분명하게 내보이고 있다. 우리의 상식으로는 중국 지식인들이 독재 권력에 반발해야 한다. 그러나 조직적인 반발 움직임은 없다. 베이징외국어대학에서 학생을 가르치고 있는 우진훈 교수는 중국인들의 사고체계를 봐야 한다면서 "헌법 개정에 내심 불만을 가질 수는 있지만, 국가와 자신의 이익에 반하지 않으면 좀 더 지켜볼 수 있다는 게 중국인들의 심리"라고 이야기한다. 중국인 특유의 실사구시적 DNA가 작동한다는 말이다.

"백성들 입장에서는 어떤 정권이건 사회 안정을 유지시켜 내가 돈을 벌 수 있도록 환경을 조성해준다면 오케이다. 중국인들은 시 주석에게 권력이 집중되는 것을 보며 공산당 내부의 안정을 확인하고, 심리적 안정감을 찾는다. 안정적으로 돈 벌 수 있는 시대가 오고 있다고 판단하고 있는 것이다. 중국인의 사고체계는 지극히 현실적이다."

자, 처음 질문으로 돌아가보자.

"중국 사회가 과연 시민들의 민주화 요구로 사회 혼란에 빠질까?"

아주 먼 장래의 어느 날엔 그럴 수도 있겠다. 시진핑의 '종신집권'을 놓고 지식인들이 반발하고, 일반 국민들이 시니컬한 반응을 보일 수는 있다. 그러나 이런 움직임이 중국의 몰락을 가져올 만큼 파괴적으로 진행되지는 않을 것이다. 공산당은 지식인들의 머리를 훔치고 있다. 지식인 선배들은 권력과 결탁했고, 오늘의 후배들은 중국몽의 꿈에 젖어들고 있다. '중국인들도 배부르고 등 따뜻하면 결국 거리로 나서 민주화를 요구할 거야'라는 건 너무 순진한 생각이다. 오히려 그렇기 때문에 그들은 현실에 안주하고, 길들여진다.

3부

도전_Challenge

민간 기업의 혁신, 정부의 지원, 규모의 경제 등을 감안할 때 중국은 제조업 대국을 넘어 강국으로 성장해나갈 것이다. 우리는 대부분의 산업에서 약간의 공정기술 우위만 있을 뿐이다. 수년 내로 중국에 대한 비교우위를 확보하지 못한다면 우리 주력 산업은 과거 일본 IT 조립업체들처럼 몰락할 운명에 처할 것이다. 4차 산업혁명 분야에서 성장동력을 찾아야 한다. 여기서 밀리면 끝이라는 위기의식으로 정부와 기업이 힘을 모아야 한다.

– 안현호 한국산업기술대학교 총장(전 지식경제부 차관),
《한 · 중 · 일 경제 삼국지 2》에서

중국, 이길 수 없다면 합류하라

_한국 브랜드의 '10년 장벽' 넘는 법

"갈 것이냐, 말 것이냐."

2017년 하반기 우리 디스플레이업계를 뜨겁게 달궜던 논쟁이다. LG디스플레이의 OLED 광저우(廣州)공장 투자 얘기다. LG는 약 5조 원을 들여 광저우에 OLED공장을 짓기로 하고 산업부에 투자 승인을 요구했다. 그러나 정부와 학계 일부의 반발에 부딪혔다. '기술만 유출되니 가지 말아야 한다'는 주장과 '중국 시장 공략을 위해 꼭 필요하다'는 LG의 입장이 맞선 것이다. 결론은 '고(Go)였다'. 정부는 2017년 12월 LG의 계획을 승인했고, 사업은 진행 중이다.

이미 지난 일을 다시 끄집어내는 것은 그 논란에 한중 경제협력의 중요한 함의가 담겨 있기 때문이다. 추적해보자.

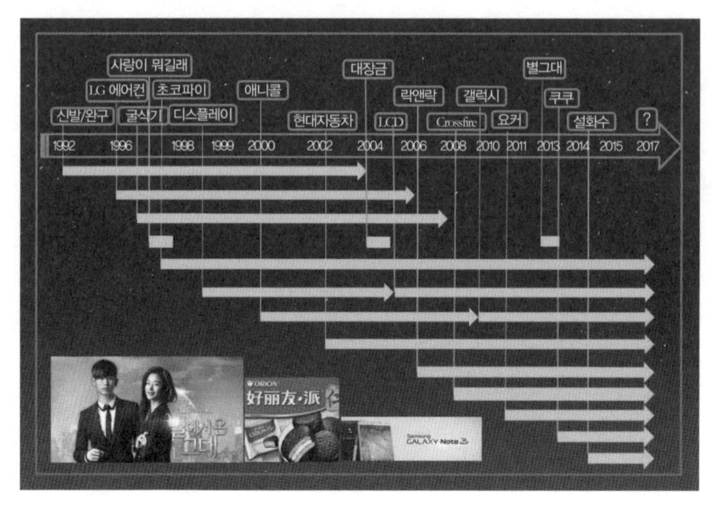

중국에서 히트 친 한국 브랜드

위 그래픽을 보자. 1992년 수교 이후 중국 시장에서 히트 친 한국 브랜드를 조사해봤다.

수교 직후인 1990년대 초 중국 비즈니스의 최고 히트 상품은 '신발공장'이었다. 임가공공장이 가장 먼저 중국 시장으로 달려가 돈을 벌었다. 1990년대 중반의 백색가전과 건설기계, 2000년대 초의 자동차, 2009년부터 본격적으로 몰려오기 시작한 '유커(遊客)', 2010년대 들어 등장한 생활용품, 그리고 화장품 등에 이르기까지 우리 브랜드의 중국 시장 진출 상황이 일목요연하게 보인다.

중요한 결론을 하나 얻게 된다. 브랜드의 생멸(生滅)을 보면 '중국에서 10년을 버티기 힘들다'는 점이다. 1990년대 중반에 맹렬하게 활동했던 임가공공장은 대략 10년 후인 2000년대 중반 들어 고전을 면치 못했다. 중국 기업의 약진에 설 땅을 잃어간 것이다. 중국에 진출한 임가공공장들이 몸만 빠져나오는 '야반도주' 현상이 문제된 게 대략 2007년부터다.

그런 식이다. 1990년대 말 히트 상품이었던 백색가전 역시 10년을 견디지 못하고 중국 시장에서 대부분 나와야 했고, 1990년대 후반 한 때 중국 시장의 약 40%까지 차지했던 굴착기는 2010년 중반 이후 로컬 기업에 밀려 쪼그라들 수밖에 없었다. 중국 기업이 우리나라 기술을 따라잡는 데 대략 10년 정도 걸린다는 얘기가 가능하다. 최근 들어 그 주기는 더 짧아지고 있다.

그런데 '10년의 벽'을 깬 브랜드가 몇 개 있다. 그중 대표적인 게 바로 디스플레이 분야다. 우리 기업은 1990년대 중반부터 10년간 TV나 컴퓨터에 쓰는 디스플레이(당시에는 브라운관)시장을 장악했다. 삼성과 LG의 시장점유율이 50%를 넘을 때도 있었다. 말 그대로 중국 시장을 '먹었다'. 중국에 컬러TV, 데스크톱 컴퓨터 보급 붐이 일면서 두 회사는 떼돈을 벌었다.

그 시장을 중국 기업이 보고만 있을 리 없다. 죽어라 쫓아왔다. 2000년대 중반이 되면서 중국 기업에 거의 잡혔다. 그러나 바로 이때 우리 기업은 LCD로 갈아타는 데 성공, 중국 시장에서 '생명 연장'의 전기를 마련하게 된다. 브라운관을 실어 나르던 유통망에 LCD를 얹어 판 것이다. LCD 모니터, LCD TV 시장을 또 먹을 수 있었다. 그렇게 우리는 LCD로 10년 더 중국 시장을 장악하다시피 했다.

중국 기업이 가만히 있겠는가? 또 죽어라 쫓아왔다. 현대전자의 LCD 부문을 인수해 탄생한 BOE가 대표적인 회사다. 또다시 10년, 이제는 LCD시장도 중국에 넘겨줘야 할 판이다. LCD 생산 1위 나라는 한국이 아닌 중국으로 바뀌었다. 국내 LCD 신규 투자는 2010년 이후 중단됐다. 중국 기업의 가성비를 도저히 따라갈 수 없기 때문이다.

젖과 꿀이 흐르던 중국 디스플레이시장, 여기가 끝인가? 이제 시장을 나와야 하는가?

아니다. 우리에게는 또 다른 병기인 OLED가 있다. 브라운관의 한계를 LCD가 돌파했듯, LCD의 한계는 OLED로 뚫을 수 있어야 한다. 그게 성공한다면 앞으로 10년 또 중국 시장을 먹을 것이요, 그렇지 않다면 중국 시장에서 나와야 한다.

최근 《한 · 중 · 일 경제 삼국지 1, 2》를 펴낸 안현호 한국산업기술대 총장(전 지식경제부 차관)의 답을 들어보자. 그는 한국 산업지도를 가장 잘 그려내는 전문가로 통한다.

"중국은 전 세계 디스플레이 수요의 50%가 발생하는 곳이다. 굴지의 디스플레이업체들이 죽어라 중국으로 몰려드는 이유다. 시장이 있는 곳으로 공장을 옮기는 건 너무 당연하다. 게다가 디스플레이산업은 기본적으로 규모의 경제가 경쟁력을 좌우하게 된다. 이게 의미하는 건 무엇인가? 거대 시장 중국으로 가 규모의 경제 이점을 누려야 한다는 얘기다."

우리나라에서 만들어 중국에 수출할 수도 있다. 그러나 한국에서 만들어 배에 실어 보내는 것과 현지에서 만들어 트럭으로 보내는 게 같을 리 있겠는가?

결국은 서플라이체인 문제다. 중국에서 형성되고 있는 자국 내 기업

간 공급사슬(이를 흔히 홍색 공급망, '레드 서플라이체인'이라고도 한다)에 끼어들어야 한다. 공장이 시장으로 달려가는 건 당연한 일이다.

그래도 걱정은 남는다. "광저우로 가면 우리 기술 다 넘어가는 거 아녀?"라는 문제 말이다.

우리가 어떻게 OLED 분야에서 앞설 수 있게 됐는지를 봐야 한다.

삼성은 스마트폰에 쓰는 중소형 패널에, LG는 TV에 쓰는 대형 패널에 집중하고 있다. 엄청난 기술이라고? 완제품을 깔끔하게 만들어내니 그럴 수도 있다. 그러나 디스플레이산업의 블랙박스 기술인 소재와 장비를 보면 얘기는 달라진다. 이 분야는 일본 기업들이 장악하고 있다. 우리 기업들도 첨단 소재와 장비는 모두 일본에서 들여온다.

다시 안현호 총장의 얘기다.

"우리 기술이 경쟁력을 가질 수 있었던 건 기업의 과감한 선제 투자에 있었다. 그래서 일본을 추월했다. 반도체와 디스플레이가 대표적인

ⓒ이매진차이나

BOE는 LCD를 넘어 OLED 영역에서도 국내 업체를 맹추격하고 있다.

사례다. 경쟁력은 제조공정 혁신을 통한 생산 효율의 최적화였다. 그런데 지금 이 모델은 중국에서 작동 중이다. 기업은 정부와 어깨동무를 하고 기술 혁신에 박차를 가한다. 정부의 전폭적인 지원을 받고 있는 BOE 등 중국 대표 기업의 기술은 무섭다."

우리가 안 준다고 따라오지 못할 중국이던가. 그들은 갖은 수단을 동원해서 한국 기술 인력을 빼내가고, 기술을 카피한다. 우리가 일본에서 한 걸 그대로 한다. 게다가 그들에게는 대륙에서 직장을 얻고자 하는 우수한 대만 인력도 있다.

최근 보도를 보자.

"중국 최대 디스플레이기업인 BOE가 2017년 10월 첫 모바일용 OLED 양산에 들어간다. 당초 빨라야 내년부터나 가능할 것이라는 국내 디스플레이업계의 전망을 크게 앞지른 일정이다. BOE의 부상으로 전 세계 모바일용 OLED시장의 90%를 점유하는 삼성디스플레이의 독주에도 제동이 걸릴 가능성도 제기된다."(조선비즈, 2017. 9. 27)

물론 LG가 광저우로 가면 디스플레이 기술 유출 속도가 빨라질 수도 있다. 그러나 그건 다른 방법으로 해결해야 할 문제다. 그 기술이 세계 수요의 50%를 차지하고 있는 중국 시장을 포기하면서까지 지켜야 할 것인지는 다시 생각해봐야 한다. 시장이 없는 기술이 무슨 소용이 있단 말인가.

중국에서 돈 벌어 그 돈으로 다시 R&D 투자하고, 기술을 더 업그레이드하고, 업그레이드된 기술로 다시 중국 시장 먹고, 이런 선순환 구조가 이뤄져야 한다. 그게 이제까지 우리가 중국 디스플레이시장을 먹을 수 있었던 핵심 요인이다.

2000년대 초 이뤄진 하이닉스(현재 SK하이닉스)의 중국 진출 때와 비슷하다. 당시에도 하이닉스가 중국으로 가면 한국 반도체 기술이 몽땅 중국으로 넘어갈 것이라는 우려가 팽배했다. 경쟁사인 삼성이 언론플레이를 했던 기억이 생생하게 떠오른다. 지금 어떻게 되었는가? 우리 반도체 기술이 중국으로 몽땅 넘어갔는가? 오히려 삼성은 더 큰 규모로 시안(西安)에 공장을 짓지 않았던가? 기술에 대한 자신감이 없다면 중국 시장은 그림의 떡일 뿐이다. 그 자신감은 문 닫아놓고 지키는 데서 나오는 게 아니라 추가 개발의 역량에서 비롯된다.

삼성은 왜 시안으로 가야 했는가? 시장이 그곳 중국에 있기 때문이다. 중국에서 형성되고 있는 그들만의 서플라이체인에 끼어들기 위해서 갔다. 거기서 소외되면 세계 최대의 생산단지이자 세계 최대의 시장에서 밀려날 것이기 때문이다.

중국이 '세계 공장'이라면 한국은 그 세계 공장에 기술을 제공하는 R&D센터가 되어야 한다. 중국이 '세계 시장'이라면 한국은 그 시장에 팔 물건을 디자인하는 거대한 디자인센터가 되어야 한다. 그래야만 살 길이 있다.

"중국을 이길 수 없다면 그들의 성장에 합류하라."

《메가트렌드》의 저자 존 나이스비트가 한 말이다.

갑질했다간 큰코다친다

_한류 비즈니스 2.0 시대

주변에서 '한류(韓流)'라는 말을 쉽게 접할 수 있다. 한국 문화다. 이 한류라는 말은 생성부터가 중국과 관련되어 있다. 필자는 그 과정을 안다. 현장에 있었으니 말이다.

베이징 특파원으로 일하고 있던 2000년. 베이징 공인(工人)체육관에서 HOT 공연이 열렸다. 대단한 히트였다. 심지어 중국 젊은이들이 HOT 노래의 가사를 따라 부를 정도였다. 그 이튿날 베이징의 주요 신문 1면 타이틀로 나온 게 바로 '한류(韓流)가 베이징을 습격했다'라는 문구였다. '韓流'가 기상 용어인 '寒流(한류)'와 음이 같아 만들어진 제목이었다. 이 기사가 한국에 그대로 전해졌고, 그 이후 한류가 '한국 문화'라는 뜻으로 자리 잡게 됐다.

한류는 한중 경제협력에서 어떤 역할을 했을까?

중국에서 한류의 맥을 꾸준이 이어온 드라마를 보면 답이 나온다(156페이지 그래픽 참조). 가장 먼저 중국 안방에 충격을 준 한국 드라마는 1997년 방영된 〈사랑이 뭐길래〉였다. 배우 최민수의 출세작으로 '대발이 아버지(이순재)'로 유명한 드라마다. 유교적 위계질서가 살아 있지만, 그래서 더 화목한 가정 이야기가 중국인들의 마음을 흔들어놓았다. 그다음에 나온 빅 히트작이 2004년쯤 방영된 〈대장금〉이었다. 권력에 굴하지 않는 대장금의 활약에 중국인들은 카타르시스를 느꼈다. 2013년의 매혹적인 스토리 〈별에서 온 그대〉에 이어 2016년에는 〈태양의 후예〉가 중국 젊은이들의 영혼을 유혹했다.

드라마는 그 자체로 중국에서 수익을 올렸지만, 한중 경협에 미친 간접적인 효과는 숫자로 따질 수 없을 만큼 컸다.

〈사랑이 뭐길래〉가 방영되던 1990년대 말은 한국 브랜드가 중국에서 가장 파괴력 있었을 때였다. 에어컨, 냉장고, TV 등 한국 가전제품은 〈사랑이 뭐길래〉 바람을 타고 팔려나갔다. 〈대장금〉이 방영된 건 현대자동차가 베이징공장에서 생산을 막 시작할 때였다. 현대차가 중국 시장에서 빠르게 자리 잡을 수 있었던 데는 〈대장금〉 역할이 결정적이었다는 게 필자 생각이다. 드라마 〈별에서 온 그대〉는 한국 화장품에 날개를 달아줬다. 아모레퍼시픽 사장은 〈별에서 온 그대〉의 주인공 역할을 한 배우 전지현에게 절이라도 해야 한다.

이렇게 한류는 한국 상품의 브랜드 가치를 높였고, 한국 상품의 중국 소비시장 진출을 돕는 일등 공신이었다. '사드 금한령'이 우리 산업에

©중앙일보

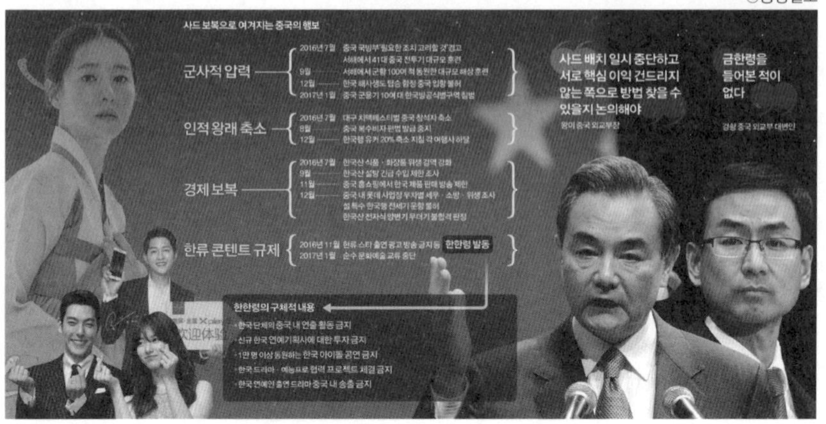

한류와 사드. 중국이 사드 보복으로 '금한령'을 발동하면서 한류 비즈니스가 타격을 받았다. 한국 문화상품이 어느 정도 실지를 회복할 수 있을지 관심이 모아지고 있다.

준 충격이 컸던 이유다.

중국이 사드 금한령을 일부 풀면서 업계에서는 기대감이 높아지고 있다. 이 분야에서 일하고 있는 후배 배영준 사장을 떠올린 것도 그 때문이다.

배 사장을 처음 만났던 2000년, 그는 대기업 연구소에서 일하고 있었다. 어느 날 연구소를 그만두더니 사업을 한다고 했다. 그의 최종 선택은 한류 비즈니스였다. 광둥성 선전에서 K-POP 관련 기획사를 세우고 운영했다. 한창 사업이 피치를 올리고 있을 때 터진 사드는 말 그대로 폭탄이었다. 1년 반 넘게 시련기를 보내고 있다.

2018년 3월, 통화를 했다. 그는 여전히 선전에 있었다. 스마트미디어라는 회사를 운영하며 재기를 노리고 있었다.

"사드는?"

"분명히 풀리고 있는 건 맞아요. 지난주 후난(湖南)위성TV에 공동제작 제안을 하기 위해 갔었는데, 반응이 나쁘지 않았습니다. '슬슬 준비해보자'라는 분위기였습니다. 부총재(부사장급)까지 나왔습니다. 저쪽은 아직도 눈치를 보고 있는 듯합니다. 어디 한 군데 터지면 자기들도 본격적으로 달려들 태세입니다. 모두들 윗 눈치, 옆 눈치를 보고 있습니다."

"금방 좋아지겠네?"

"다시 시작된다고 해도 이전 같지는 않을 겁니다. 한류가 잘나갈 때는 중국 파트너들이 비싼 가격에도 콘텐츠 IP(지식재산권) 사겠다고 우르르 몰려왔었지만, 지난 1년 동안 그들이 대안을 많이 찾아놨다는 느낌을 받았습니다. 문화 콘텐츠 생태계도 급변했고요. 우리가 사드로 잠시 떠났던 불과 1년 반 만에 중국 시장이 크게 바뀐 거지요."

배 사장이 전하는 한류 비즈니스의 환경 변화다. 그는 한중 합작 힙합 프로젝트인 '절대야제'를 기획하는 등 재기에 힘쓰고 있다.

그렇다면 무엇이 달라졌을까? 드라마 분야를 보자.

중국 언론에 재미있는 기사가 떴다. 미국의 콘텐츠 유통회사인 넷플릭스가 〈바이예주이숑(白夜追凶, 백야추흉)〉이라는 중국 웹드라마를 전 세계에 공급한다는 기사였다.

TV가 아닌 웹드라마가 해외에 수출된다고? 그렇다. 중국에선 지금 웹드라마가 폭발적으로 성장하고 있다. 2017년 833억 회 조회되었단다. 모바일 인터넷이 빠르게 확산되고 인터넷 소비자층이 젊어지면서 웹드라마 시장이 활황을 맞고 있다. 이젠 해외시장을 노크할 만큼 성장했다.

무슨 드라마이기에? 들어가 봤다. 재미있었다. 1회부터 시선을 잡는다. 중국 드라마 제작 능력이 좋아졌다는 건 어제 오늘의 얘기가 아니다. 우리나라에서도 인기를 끌었던 〈랑야방〉, 〈환러쑹〉 등만 봐도 그 수준을 알 수 있다. 전문가들은 "여전히 허술한 면이 눈에 띈다"라고 말하지만, 평범한 필자의 눈으로 보면 그다지 큰 차이가 느껴지지 않는다. 넷플릭스가 〈백야추흉〉 IP를 샀다는 건 중국 드라마의 완성도를 인정했다는 얘기다.

'주선율(主旋律)' 드라마가 히트를 친다는 것도 최근 특징 중 하나다. 주선율 드라마는 국가의 이데올로기가 짙게 깔려 있는 드라마를 일컫는다. 2017년 중국 드라마 최고 히트작인 〈人民的名義(인민의 이름으로)〉가 대표적이다. 시진핑 주석의 반부패 투쟁과 맞물려 나타난 현상이다.

그런 한편으로 정책 리스크가 높아지고 있다. 중국은 2016년 TV드라마 자주혁신 정책을 내놨다. '문화적 자신감과 자각, 그리고 자강의식을 수립하고 중화 문화의 특색이 구현된 자주적 지식재산권을 활용한 우수 프로그램을 생산해야 한다'라는 게 골자다.

2015년에 발표된 'TV드라마 콘텐츠 제작 통칙(電視劇內容制作通則)'은 더 엄격하다. 빙의, 윤회, 굿, 혼외 연애, 원나이트 스탠드 등 중국의 전통 가치관을 해치는 내용을 금하고 있다. 우리 TV에서 흔히 볼 수 있는 한국 드라마 주제들이다. '중화 문화의 정신을 구현하며 중국인의 심미적 추구를 반영하는 우수 작품을 제작하라'는 지시다. 규칙은 규제가 되어 돌아온다. 한국 드라마의 중국 시장 진입 장벽이 높아지고 있는 것이다.

변화의 핵심은 '중국의 드라마의 제작 완성도는 높아졌고, 배타성은 더 커졌다'는 것으로 요약된다. 사상을 물들일 수 있는 자본주의의 오염을 막는 한편 자국의 문화 콘텐츠 제작 역량을 높이겠다는 취지다.

어떻게 대응해야 할까? 배영준 사장은 '한류 비즈 2.0'을 제시했다.

"옛날에는 한국 프로그램이라면 중국 친구들이 수백 억씩 싸들고 달려들었습니다. '한국'이라는 이름만 붙어도 펀딩할 수 있었지요. 작품도 그랬고, 연예인도 그랬습니다. 우리 제작진이 중국인을 가르쳐주는 입장이었죠. 그런 시대는 오래전에 갔습니다. 그들의 기술 수준은 높아졌고, 자본력은 우리를 압도합니다. 중국은 이제 우리가 갑질할 수 있는 그런 나라가 아닙니다. 이젠 평등한 입장에서 같이 해야 합니다. 함께 만들고, 함께 투자해야 합니다. 서로의 경쟁우위를 살려 융합을 해야 합니다. 그게 한류 비즈 2.0 시대의 모습일 겁니다."

문화 콘텐츠 영역에서도 중국과의 경쟁이 시작됐다는 게 배 사장의 설명이다. 그는 "그냥 혼자 하는 게 아니라 우리의 장점과 중국의 장점을 결합해야 시너지를 얻을 수 있다"고 말했다. 스타 한 명에 의존한 비즈니스, 우리가 만들어 통째로 수출하는 기존 모델에서 탈피해야 한다는 지적이다.

사례가 있다. 2013년 중국에서 개봉된 〈이별계약〉이라는 영화는 중국에서 성공한 유일한 우리 영화로 꼽힌다. 그러나 이 영화를 뜯어보면 온전히 우리 것이라 할 수 없다. 이 영화는 CJ엔터테인먼트가 만들었지만 속은 한중 합작이다.

중국에서 성공한 유일한 우리 영화로 꼽히는
〈分手合約(이별계약)〉

우선 감독은 한국의 오기환 감독이 맡았다. 시나리오는 중국인 친하이옌(秦海燕)과 아메이(阿美)가 썼다. 주연은 대만의 펑위옌(彭于宴)과 중국의 바이바이허(白百何)였다. 중국과 대만의 톱스타들이다. 촬영, 편집, 음악은 모두 한국인이 담당했다. 이 분야에서 한국의 기술이 뛰어나기 때문이다. 배급은 당연히 중국 회사가 맡았다.

"하나의 영화 콘텐츠이지만, 그 속에는 중국과 한국의 장점들이 녹아 있습니다. 중국 시장이 넓다고 혼자 돈키호테처럼 달려들 게 아니라, 우리가 잘할 수 있는 것, 중국이 잘할 수 있는 것을 섞은 콘텐츠를 만들어야 합니다. 한류는 감성의 영역입니다. 중국인들의 사고를 이해해야 합니다. 우리가 다 하려고 달려들기보다는 그들과 함께 만들어 시너지를 내겠다는 생각이 필요합니다."

CJ그룹의 중국 사업을 이끌어온 CJ대한통운 박근태 사장의 얘기다.

사드로 인한 금한령은 완화되고 있지만 시장 현장의 상황은 녹록지 않다. 중국 시장은 이제 경쟁력이 없으면 그냥 그림의 떡인 곳이 되고 있다. 어찌 문화 콘텐츠 분야만의 얘기이겠는가. 대부분의 영역에서 중국은 기술력이 강화되고 있고, 외국 기업에 대한 눈에 보이지 않는 장벽이 높아지고 있다. 더 힘든 시장으로 변하고 있다는 얘기다.

거듭하는 말이지만 중국에서 쉽게 돈 벌던 시대는 갔다.

"중국 관광객, 차라리 못 오게 막아라"
_천수답 관광을 전천후 관광으로 만드는 법

사드 보복의 가장 큰 피해는 역시 관광 분야였다. 서울, 제주 어디를 가나 쉽게 볼 수 있었던 중국 관광객은 썰물처럼 빠져나갔다. 정말 거짓말처럼 사라졌다.

'아! 중국이라는 나라는 이럴 수도 있는 거구나. 정부가 막으니 정말 물샐틈없이 통제가 되는구나.'

관광객을 잔뜩 실은 크루즈선이 왔다가 정박하지 않고 그냥 돌아가는 모습을 보고는 실소가 나오기도 했다. 그렇게 우리는 중국의 진면목을 보게 되었다.

피해는 컸다. 여행사 상무로 일하던 필자의 친구는 하루아침에 강제 무급휴가를 즐겨야 했고, 면세점에 취업이 되어 즐거워하던 친구의 딸

ⓒ중앙일보

서소문 고려삼계탕. 중국 관광객이 다시 보이기 시작했다.

은 '채용을 당분간 보류키로 했다'는 통지를 받고는 눈이 퉁퉁 붓도록 울었단다. 명동의 불고깃집 식당 주인, 제주도 바오젠 거리의 화장품가게 등등 필자가 취재했던 많은 영세 업체들은 유커 실종 사태의 피해자였다.

사드 보복이 시작된 2016년 여름쯤으로 돌아가보자. 우리 언론과 정책 당국자들은 지금이야말로 관광시장 다각화에 나설 때라고 목소리를 높였다. 지나친 중국 의존도를 낮추기 위해 동남아 시장도 개발하고, 대만 관광객 끌어오기에도 나서야 한다고 했다. 이참에 덤핑으로 얼룩진 국내 관광 여건을 개선하고, 경쟁력을 높여야 한다는 자성의 목소리도 높았다. 정부도 그렇게 해야 한다고 했고, 업계도 시장 다각화에 나서는 듯했다.

그러나 뭘 했는가? 다각화를 위해 정부가 한 일이 있었던가? 잠시 시늉만 하다가 중국 관광객이 언제 다시 올까 목을 빼고 서쪽만 쳐다보지 않았던가?

'아, 그랬구나. 우리 관광업계는 결국 천수답 농사꾼과 다르지 않았구나.'

필자는 그런 생각을 했다. 비가 내려야 모내기를 할 수 있고, 비가 오지 않으면 논바닥이 쩍쩍 갈라져 키우던 벼가 말라비틀어지는 꼴을 쳐다보기만 해야 하는, 그런 천수답 말이다. 중국 관광객이 오지 않으니 뒤로 나앉아 있다가 그들이 온다니 슬슬 일할 채비를 한다. 비가 오지 않으면 농사 포기하고 방구석에 들어앉아 있다가 비가 와야 다시 삽 들고 논으로 나가는 천수답 농사꾼과 다를 게 없어 보인다.

우리는 천수답 농업을 바꾸자고 대책을 세우고, 개선책을 마련한다. 댐을 만들고, 보를 쌓고, 물길을 튼다. 농업도 그럴진대, 현대 서비스업의 총아라는 관광업계의 천수답도 이젠 대안을 마련해야 하는 것 아닌가?

장담하건대 중국 관광객이 다시 몰려온다면 예전의 적폐는 분명 다시 살아날 것이다. 어떤 적폐냐고?

여행사들의 제 살 깎기 경쟁은 한국 관광을 싸구려로 만들었다. 싸구려 관광을 상징하는 말이 바로 '인두세'다. 중국 관광객을 돈 주고 사오는 관행이다. 한국 여행사는 송출 중국 여행사에 관광객 한 명당 5만~8만 원을 지불하고 여행객을 사온다. 중국 여행사로부터 돈을 받아도 모자랄 판에 오히려 돈을 주고 모셔온다. 그러니 관광객들을 쇼핑센터로 몰고 갈 수밖에 없다. 일부 엉터리 가이드들의 관광 해설은 한국 역사를 왜곡하고, 한국인을 우롱한다. 중국 관광객들만 보면 여지없이 바가지를 씌우려 하는 상인들도 문제다.

이 적폐를 어떻게 청산할 것인가? 필자는 어렵다고 본다. 문화체육관광부 공무원들은 오로지 관광객 숫자가 몇 명 더 늘어났느냐에만 관심이 있고, 업계는 어떻게 하면 중국 관광객의 주머니를 털지만 생각한다. 관료들은 승진에만 관심을 두고, 여행사들은 유커 주머니에만 눈독을 들인다. 게다가 일부 악덕 여행사들이 업계를 진흙탕 싸움으로 몰아가고 있다. 우리의 관광산업이 어떻게 망가지고 있는지에는 관심 없다. 그러니 한국 관광이 바뀔 리 있겠는가.

손 놓고 있다가 유커가 온다니까 그제야 중국을 쳐다본다. 중국은 '역시 한국인들은 보복을 가하면 굽히고 들어오는군' 하며 회심의 미소를 짓는다. '한국은 말 안 들으면 관광으로 보복하면 되는 나라', 그들은 속으로 그렇게 비웃고 있을지 모른다.

우리가 할 일은 한두 가지가 아니다. 정책 차원에서 접근해야 할 더 큰 문제도 있다. 서울-제주로 단순화되어 있는 관광 코스를 다양화해야 한다. 지자체 관광 프로그램도 다시 한 번 검토해야 한다. 남해안의 천혜 관광단지는 잘만 개발하면 중국 부자들의 최고 휴양지로 가꿀 수 있다. 관광 업무를 계속 문화체육관광부에 둬야 할지도 공론화가 필요하다. 관광청을 설립해서 관광을 국가 중점 산업으로 키우고 있는 이웃 일본의 행보에 주목할 필요가 있다.

우리가 관광 선진화에 손을 놓고 있는 사이 중국에서는 어떤 일이 벌어지고 있었을까? 씨트립(Ctrip)이라는 온라인여행사를 보자.

1999년 상하이의 작은 IT회사로 시작한 이 여행사는 현재 세계 2위의 온라인 예약 플랫폼 업체로 성장했다. 그런데 그 성장이 우리와 직결된 문제로 다가왔다. 이 회사는 2018년 국내의 20개 호텔을 임대해 'Ctrip Hotel'로 개조, 운영할 계획이다. 자사를 통해 예약하는 여행객들에게 보다 싼 가격에 방을 제공하기 위해서다.

씨트립을 통해 항공권을 예약한 여행객들은 씨트립호텔에서 머물고, 씨트립이 추천한 맛집에 가서 식사를 하게 된다. 서울에 오기 전 씨트립에서 부산행 KTX를 예약할 수도 있다. 씨트립은 해외 예약 사이트로서는 유일하게 KTX 승차권을 예약할 수 있다.

우리나라 호텔들은 이제 씨트립에 잘 보여야 한다. 행여 이 회사 사이트에서 호텔 이름이 빠지기라도 하면 10억의 잠재 고객을 잃어버리게 될 테니 말이다. 항공사도 마찬가지다. 맛집 역시 어떻게 하면 씨트립이 주관하는 중국판 미슐랭이라는 '메이스린(美食林)' 리스트에 오를 수 있을지 고민해야 한다. 그렇게 한국의 관광업계는 씨트립 생태계로 빠져들어가고 있다. 싸구려 단체관광을 말하는 게 아니다. 부가가치가 높다는 자유여행 분야에서 일어나고 있는 일이다.

한국 관광은 결국 '씨트립 손바닥'에 놓이게 될 거라는 게 필자 생각이다. 그들은 하루 수백만 명의 동선을 일사불란하게 관리할 수 있는 데이터 처리 기술을 가지고 있고, 10억 명의 잠재 고객에 대한 빅데이터를 쌓아두고 있으며, AI기법으로 가장 선명한 호텔 및 관광지 사진을 보여준다. 여행지, 항공권, 호텔, 공항 픽업, 현지의 먹거리와 볼거리 등을 씨트립앱에서 간편하게 해결할 수 있는 '원스톱 서비스'를 제공한다.

우리가 중국 관광객이 안 온다고 아우성칠 때 중국에서는 여행객들을 잡아둘 생태계를 만들고 있었던 것이다. 이런 그들을 어떻게 당할

일본 오사카 한 호텔의 프론트. '알리페이 결제를 환영한다'는 문구가 적혀 있다. 일본은 총리가 중국 관광객 유치를 위한 회의를 직접 주재하는 등 관광산업 진흥에 총력 대응하고 있다. '박근혜 전 대통령 체포'라는 산케이 신문 기사가 눈에 띈다.

수 있겠는가.

일본 역시 2012년 센카쿠(중국명 댜오위다오) 사태 이후 중국 관광객이 급감했다. 그러나 대응은 달랐다. 일본은 총리가 직접 나섰다. 2016년 3월 아베가 주재한 회의의 이름은 '내일의 일본을 뒷받침하는 관광 비전 구상 회의'다. 그 긴 제목에 일본이 관광을 어떻게 대비하고 있는지 드러난다. 내국인의 소비로는 한계가 있다고 판단한 일본은 외국 관광객을 내수 부양의 원천으로 여기고 있다. 그 회의를 정례화하고, 총리가 직접 참가하는 이유다. 도쿄, 교토, 오사카 등 일본 주요 도시 곳곳에는 면세점이 늘어가고 있다.

일본을 찾는 외국인 관광객은 연간 2,000만 명 규모. 이를 2020년 4,000만 명, 2030년 6,000만 명으로 늘린다는 구상이다. 이를 위해 숙박시설 확충, 면세제도 개선, 관광객 개방시설 확대 등의 대책을 내놓는다. 그런 한편으로 여행 중개업을 등록제로 전환해 악질 덤핑 경쟁을 막도록 조치하고 있다. 그러니 한국에 오던 유커들이 일본으로 몰려가고 있는 것이다.

반면에 우리 관광은 여전히 하늘만 쳐다보며 비 내릴 날만 기다린다. 국책연구소가 나서서 15조 원 손해니 뭐니 하면서 친절하게 피해 규모를 계산해준다. 그러니 중국도 기고만장, 관광 규제 푸는 것을 대단한 선심 쓰듯 하는 것이다.

유커들을 위한 배려는 없다. 중국 여행객들은 한국 식당에서 밥을 먹을 때 핸드폰으로 주문하고, 핸드폰으로 계산하려고 한다. IT가 발전했다는 한국이니 당연히 중국에서처럼 위챗으로 하면 될 줄 안다. 실제로 중국의 어지간한 식당은 핸드폰으로 식탁에 붙어 있는 QR코드를 찍어 식사를 주문하고, 그 자리에서 결제할 수 있다. 그러나 한국은 아니다. 우리 식당 중 식탁에 QR코드를 부착한 곳이 얼마나 되는가? 그러니 자유 여행객들이 잘 안 오는 것이다.

2017년 12월 문재인 대통령은 중국 방문 때 식사 후 계산을 현금이나 신용카드가 아닌 핸드폰 위챗페이로 하는 걸 보고 놀랐다고 했다. 우리도 모바일 혁신을 이뤄야 한다는 메시지도 전했다. 그러나 이 메시지는 '혼밥' 논쟁에 묻히고 말았다. '혼자 밥 먹었네, 아니네'라는 게 그리 중요한 일이던가.

어렵지 않은 일이다. 우리도 식당이 활용할 수 있는 모바일 식단 시스템을 만들고 거기에 식당과 결제회사가 들어오도록 하면 된다. 식당은 종업원을 줄일 수 있고, 시간 단축으로 손님도 더 받을 수 있다. 중국인이 듣고 볼 수 있도록 주요 관광포스트의 해설 사이트를 만들고,

QR코드로 쉽게 검색할 수 있다면 엉터리 가이드도 몰아낼 수 있다. 그런데 안 한다.

이제 남은 방법은 딱 하나다. 중국 단체 관광객의 입국을 제한하는 것이다. 단체 여행객을 처리하는 여행사들에 주는 비자 발급에 실링(ceiling, 상한선)을 두고 그 이상은 못 들여오게 하는 것이다(오해하지 마시라. 개별적으로 오는 자유 여행객을 줄이자는 게 아니다. 오히려 자유 여행객은 어떻게 하면 더 늘릴지 고민해야 한다).

대만에서 이미 시행하고 있는 정책이다. 지금은 옛일이 되었지만, 대만도 한때 밀려오는 중국 관광객으로 업계가 술렁일 때가 있었다. 그러나 작은 섬에 사람이 쏟아져 들어오니 문제가 생길 수밖에 없었다. 그래서 내놓은 정책이 단체 관광객 입국 제한이었다.

혹자는 말할지 모른다. "시장경제에서 가능한 일이냐고?" 말이다. 그렇게 안 하면 시장이 죽는데, 못할 것은 또 무어란 말인가. 관광산업이 망가지고, 한국 이미지가 싸구려로 실추되고 있는데도 가만히 보고만 있는다면 그게 바보 아닌가.

중국 관광객이 돌아온다고 기뻐하기보다는 어떻게 하면 관광 부가가치를 높일 것인가를 고민해야 한다. 덤핑관광을 근절할 수 있는 제도적 장치를 마련해야 한다. 중국 관광객들이 버리고 간 쓰레기에 분노하고, 한국 역사를 왜곡하는 엉터리 가이드에 또 분노했던 기억이 생생하다. 이를 바로잡지 않은 채 또 중국 단체 관광객이 몰려온다면, 그 악순환만 되풀이될 뿐이다.

"냉장고 필요 없는 시대를 만들겠다"
_마윈과 류창둥의 '신유통' 도전, 그 현장을 가다

최근 중국 부동산 시장에 '허취팡(盒區房)'이라는 신조어가 나왔다. 알리바바의 신선식품 전문 매장인 '허마셴성(盒馬鮮生)'의 주변에 있는 주택을 뜻한다. 이 지역 아파트 값은 다른 곳보다 비싸다. 허마셴성이 있으면 편하고 싸게 생필품을 살 수 있기에 집값에 프리미엄이 붙는다. 굳이 우리나라 식으로 표현하자면 '이마트 주변의 아파트 값이 비싸다'라는 얘기가 된다. 도대체 허마셴성이 뭐길래?

허마셴성은 알리바바가 추진하고 있는 새로운 컨셉의 소비유통 패러다임인 '신유통(新零售)'이 구현되고 있는 곳이다. 주변의 아파트 값이 비싸다는 건 곧 신유통이 중국인들의 삶을 바꿔가고 있음을 보여준다.

알리바바뿐만 아니다. 또 다른 전자상거래 업체인 징둥(京東, JD닷

베이징의 징둥(京東)본사 1층. 징둥닷컴 류창둥 회장은 알리바바의 마윈과 함께 '신유통 패러다임'을 짜고 있다. 징둥의 세일 행사를 알리는 광고판이 걸려있다.

컴)은 '무경계 소매(無界零售)'라 했고, 텐센트는 '스마트 유통(智慧零售)'이라고 명명했다. 알리바바의 허마셴성, 징둥의 '7프레쉬(7 Fresh)', 텐센트의 차오지우중(超级物種) 등은 이를 구현하는 매장이다. 이들의 활약으로 서로 다른 길을 걸어왔던 온라인과 오프라인은 하나로 뭉쳐지고 있다.

"중국 전자상거래 업계 거두가 만들어 가고 있는 새로운 유통 패러다임은 어떻게 짜여지고 있을까?" 베이징 남쪽 이좡(亦莊)에 자리잡은 '7프레쉬' 취재의 화두였다.

매장 입구에 들어서니 일반 슈퍼마켓과 크게 달라 보이지 않는다. 과일과 야채, 생선 등이 많다는 게 차이라면 차이다. 중국의 다른 일반 슈퍼와는 달리 상품의 배치가 정갈하긴 했다. 직원들은 친절했고, 복장도 깨끗했다. "좀 세련된 슈퍼마켓일 뿐, 다른 게 없잖아?"라는 생각이 얼핏 들었다.

그러나 안으로 들어갈수록 우리나라 이마트와는 많이 달랐다. 우선 가장 큰 차이라고 생각된 건 제품 판매대 곳곳에 붙어있는 QR코드였다. 갖고 있던 핸드폰으로 QR코드를 찍어보니 바로 '7프레쉬' 앱으로 들어간다. 눈앞에는 오프라인 매장이, 손 안 핸드폰에는 디지털 매장이 펼쳐지고 있다. 온라인과 오프라인은 그렇게 합쳐지고 있었다.

"매장에 와서 직접 물건을 보고, 핸드폰으로 주문하는 경우가 많습니다. 제품이 신선한지를 확인하고, 인터넷으로 주문하는 거죠. 앱에서 주문하면 반경 3km이내에는 무조건 30분 안으로 배달해줍니다. 주문을 하고 집에 가면 물건이 먼저 와 현관 앞에 배달되어 있는 것이죠."

주더후(朱德虎) 점장의 설명이다.

옆에 있던 직원의 발길이 갑자기 빨라진다. 고객으로부터 앱 주문을 받은 것이다. 그는 주문 상황을 확인하고, 매장을 바쁘게 돌며 장바구

©이매진차이나

허마셴성의 수산물 매장. 허마셴성, 7프레쉬 등 중국 주요 도시의 신유통 매장들의 가장 큰 경쟁력은 신선식품에 있다.

니에 주문한 물품을 담는다. 그렇게 만들어진 장바구니는 한곳으로 모아져, 매장 한 편 천장에 붙어 있는 레일을 통해 배송센터로 전달된다. 배송센터에서는 물품을 포장해 배송한다. 온라인과 오프라인의 완벽한 통합이다.

가격표도 우리나라 이마트와 달랐다. 모두 '전자 태그'로 되어 있었다. 가격 변화를 중앙에서 관리한다. 수시로 바뀔 수 있다. 간혹 빨강색 가격표도 보인다. 특별 세일 행사하는 건 그렇게 표시된단다. 전자 태그는 LCD 디스플레이 전문업체인 BOE가 제공한 것으로 알려졌다. 유럽 기술을 가져와 현지화했다는 후문이다.

쇼핑센터는 최첨단 IT기술의 집합체였다. 한편에서는 징둥이 개발한 로봇 쇼핑 카트가 시험 운행되고 있었다. 쇼핑 카트가 고객을 따라다닌다. 아직 자유자재로 움직이지는 않았다. 주변의 사람을 피하느라 자주 멈추었다. 실용화되기에는 시간이 더 필요할 듯 보였다. 그러나 '언젠가 소비자를 졸졸 따라다니는 로봇을 만들겠다'는 징둥의 기술개발 의지는 충분히 읽을 수 있다.

무인 계산대도 있다. 징둥페이나, 위챗페이로 계산할 수 있다. AI 얼굴 인증도 가능하다. 얼굴 인증 시스템은 필자를 정확히 구별했다. 계산하는 방법은 여러 가지다. 이마트에서처럼 직접 계산대로 가 결제해도 되고, 무인 계산대에서 위챗페이나 징둥페이로 결제할 수도 있다. 필요한 물품을 현장에서 인터넷으로 주문하고 결제해도 된다. 온오프라인 결제의 모든 통로가 다 가능하다.

허마셴성과 '7프레쉬'의 가장 큰 경쟁력은 신선식품에 있다. 특히 수산물이 풍부하다. 재미있는 건 매장에서 수산물을 사 안쪽에 있는 식당으로 가져가면 그곳에서 요리를 해준다는 점이다. 노량진수산물시장과 비슷하다고 생각하면 된다.

징둥이 추구하고 있는 '무경계 유통'의 철학이 궁금했다.

"고객 중에는 시간이 없어 인터넷으로 주문하는 사람도 있고, 직접 나와 물건을 확인해보고 사는 사람도 있을 겁니다. 특히 과일이나 생선 등은 신선도를 꼭 확인해보고 싶어 하지요. 이곳은 두 가지 수요를 모두 만족시킬 수 있습니다. 온라인, 오프라인의 경계를 무너뜨린 거죠. 한 번 와본 사람은 물건이 신선하다는 걸 확인하고, 그다음에는 온라인으로 주문합니다. 온라인 비중이 점점 높아지고 있습니다."

주더후 지점장은 "최고의 제품을 고를 수 있는 징둥의 소싱 능력, 빅데이터를 활용한 수요 예측, AI기술을 활용한 인증 등 모든 신유통 개념이 구현되고 있는 곳이 바로 7프레쉬"라고 강조했다.

하늘을 나르는 바구니. 신유통 매장의 가장 큰 특징이다. 고객이 주문한 물품을 직원이 레일에 달려 있는 바구니에 담으면 배송센터로 전달된다.

ⓒ조상래

허마셴성의 즉석 식당. 수산물 코너에서 식재료를 사 가져다 주면 현장에서 요리를 해준다. 우리의 노량진시장과 비슷하다.

자, 정리해보자. 중국 '모바일혁명'을 주도한 알리바바의 마윈이 '신유통'이라는 콘셉트의 소비 유통 패러다임을 제기한 건 2016년 10월이었다. 콘셉트는 간단하다. 기존의 유통이 생산과 소비를 연결하는 채널 기능에 머물렀다면, 마윈의 신유통은 유통업체가 생산과 소비를 이끌어가는 시장 주도자 역할을 한다.

이제까지 시장 정보를 읽는 건 생산자의 몫이었다. 제조 기업이 시장의 상황을 분석해 생산을 조절했다. 이 과정에서 정보의 단절이 심했다. 공급과잉으로 가격이 폭락하는가 하면, 수요 예측 실패로 가격이 폭등하기도 한다. 생산자들은 언제나 시장 눈치를 봐가며 가격 경쟁을 벌여야 했다.

"마윈의 신유통은 기존의 '시장 단절'을 막았다"는 게 인터넷 매체 플래텀을 경영하고 있는 조상래 대표의 설명이다.

"유통업체는 빅데이터 분석을 기반으로 매장 소비자들의 구매 행태를 세밀하게 분석해 그 정보를 생산 업체에 전달하고, 기업은 소비자들이 원하는 양의 상품을 고객 요구에 맞춰 공급한다. 디지털화된 매장에서 소비자의 쇼핑 패턴은 데이터화되고, 이를 기반으로 서비스는 지속적으로 개선된다. 쇼핑은 더 즐거워진다. 기술이 있기에 가능한 일이다. 안정적인 모바일 결제 시스템, 빅데이터, AI 등 제4차 산업혁명의 총아들이 모두 동원된다. 드론, 로봇, 무인창고 등 스마트 물류 시스템이 이를 뒷받침한다. 정보의 엇박자 없이 생산과 소비가 시공의 조화를 이루도록 하겠다는 게 신유통의 핵심이다."

징둥이 2018년 5월 말 현재 베이징에서 영업 중인 '7프레쉬'는 2곳. 징둥은 올 연말까지 10개, 3~5년 후에는 중국 전역에 1,000개까지 늘릴 계획이다. 알리바바의 허마셴성은 이보다 훨씬 앞서고 있다. 현재 13개 도시에서 47개 허마셴성을 운영하고 있다. 2018년 100개, 3~5년 안에 2,000개로 늘린다는 목표다.

중국에서 왜 유독 신유통이 번져갈까? 여러 요인이 있지만 젊은 소비자들의 소비 패턴과 무관하지 않다.

허마셴성 이용자의 80%는 80허우(80後, 80년대 출생자), 90허우(90後, 90년대 출생자)이다. 2030세대인 이들은 개혁개방의 혜택을 본 1세대 소비자들이다. 이들이 바로 중국 전자상거래 시장을 선도한다. 허마셴성은 이들의 소비 패턴을 공략한다. 저온 물류망을 구축해 주문한 제품을 그날 모두 먹고, 다음날에는 또 새로운 신선식품을 배송하는 환경을 만드는 게 허마셴성의 목표다. 그런 점에서 허마셴성은 동네에 들어선 재고 창고이기도 하다. 항상 신선식품을 공급해주니 말이다. 마윈은 "각 가정에서 냉장고를 없애겠다"고 기염을 토한다.

허마셴성을 이끌고 있는 사람(CEO)은 허우이(侯毅) 알리바바 부총재다. 그가 2018년 8월 '허마 신유통 관계사 총회'에서 한 말은 우리나라 유통업계에도 많은 걸 시사한다.

"허마셴성이 기존 유통업계와 달랐던 점은 크게 3가지다. 첫째, 소비 관념을 바꿨다. 사람들은 출근을 해야 하기 때문에 매일같이 장을 볼 수 없다. 그래서 보통 일주일에 한 번 정도 마트에 가서 장을 본 뒤 냉장고에 넣어두고 천천히 먹는 식이었다. 이중 1/3은 쓰레기가 됐다. 하지만 허마셴성이 강조하는 것은 '매일 신선한 제품을 사서 먹고, 다 먹으면 내일 다시 사는 것'이다. 소비자들의 구매 데이터가 있기에 공급 조절이 가능하다.

둘째, 보다 편리한 쇼핑 경험을 제공한다. 과거 유통업계의 전략이었던 '동선 관리' 때문에 소비자들은 불편을 겪어야 했다. 간장 한 병을 사려해도 빙빙 돌아야 했다. 하지만 허마셴성에서는 모바일 터치만으로 주문한 상품을 30분 만에 받아볼 수 있다. 매장 또한 원하는 물건을 산 뒤 바로 떠날 수 있는 구조다.

셋째, 보다 효율적인 유통 프로세스를 실현했다. 우리는 회원–상품–공급업체에 이르는 유통체인을 100% 디지털로 관리하고 있다. 이덕에 고객 맞춤형 서비스를 제공하고 보다 효율적인 내부 운영을 할 수 있다. 운영 효율이 크게 올랐고, 비용은 대폭 낮췄다."

허우이 부총재의 말은 한마디로 유통업체의 역할을 재정립했다는 얘기다. 단순한 공급과 수요의 매개가 아닌, 공급자에게는 개발에 충실해 품질 좋은 상품을 만들 수 있도록 하고, 소비자에게는 최대한 쾌적한 쇼핑 환경을 만들어준 것이다. 이를 가능케 한 것이 바로 빅데이터요, AI였다.

월마트, 까르푸, 마크로 등 중국에 진출한 외국 유통업체는 많다. 중국 IT 거두들이 만들어가는 새로운 유통 패러다임은 이들 외국 업체들을 중국에서 몰아낼 태세다. 이마트는 일찌감치 손을 들고 나왔다. 마윈, 류창둥의 도전은 진행 중이다. 중국뿐만 아니라 세계 소비 패턴을 바꿀 기세다.

플래텀 조상래 대표는 업계 분위기를 이렇게 전한다.

"중국 모바일 결제시장을 주도하는 알리바바, 텐센트는 다양한 형태의 투자 및 인수를 통해 오프라인 마트 및 소매업체와 손잡고 신유통 시장을 빠르게 장악해가고 있다. 온라인에서 쌓은 빅데이터를 이용해 스스로 생태계의 중심이 되는 전략을 구사하면서 산업 경계를 허물고 있다."

기업은 앞서거니 뒤서거니 새로운 서비스를 내놓았고, 소비자는 다소간의 불편을 감수하며 이 실험에 기꺼이 참여하고 즐기는 모양새다. 사람의 숫자로 산업 부흥을 이끌었던 중국이 이젠 스마트 기술 국가로 커가고 있다.

짝퉁 때문에 어렵다?
_초코파이가 중국에서 장수하는 비결

'짝퉁' 하면 중국이 떠오를 정도로 중국엔 가짜가 많다. 초기에는 단순히 상표를 베낀 조잡한 물건을 내놓더니 이제는 정품 못지않은 고품질 제품을 만들고 있다. 명품 가방, 지갑, 화장품, 심지어 자동차도 짝퉁을 내놓는다.

무역협회가 내놓은 한 보고서는 짝퉁의 심각성을 여실히 드러낸다. 보고서에 따르면 중국 최대 온라인쇼핑몰 타오바오에서 짝퉁 '이니스프리 기초세트'가 72위안(1만 2,000원)에 팔리고 있다. 정품가 240위안의 3분의 1 가격이다. 게다가 이 짝퉁은 패키지와 상품 구성 등에서 눈으로 구분하기 힘들 정도로 정품과 거의 똑같다. LG생활건강의 한방화장품 브랜드 '수려한'은 짝퉁 '수아한'으로, 아모레퍼시픽의 한방화장품 브랜드 '설화수'는 '설연수'로 판매되고 있다.

우리야 금방 안다. 그러나 중국 소비자들은 속기 쉽다. 정상가의 25% 수준에 팔리니 당해낼 재간이 없다. 중국공상행정관리총국에 따르면 온라인 판매 화장품의 40%가 위조, 모방 상품이다. 한류 붐을 타고 중국으로 간 화장품이 짝퉁의 역공에 시달릴 수밖에 없다.

짝퉁 화장품이 꼭 중국에서 만들어지는 것만은 아니다. 중국에서 저질 원재료를 들여와 한국에서 만든 뒤, 짝퉁 브랜드를 붙여 중국으로 수출되기도 한다. 중국 현지에서 화장품 마케팅을 해왔던 한 관계자는 "이 같은 형태의 제품들은 심지어 공인된 'Made in Korea'의 마크를 달고 나온다"고 말했다.

업계는 대책 마련에 부심하고 있다. 아모레퍼시픽은 중국 내 보따리상을 통해 짝퉁이 유통되는 것으로 보고 유통채널을 단일화하고 있다. LG생활건강은 제품에 특수 제작된 홀로그램을 부착하고 용기 디자인을 복잡하고 까다롭게 만들고 있다. 연꽃 모양의 제품 뚜껑 부분을 정교한 조각으로 만들어 쉽게 흉내 내지 못하게 했다. 일부 회사는 정품 인증 태그를 제품 아래쪽에 붙여 스마트폰앱으로 확인하는 인증시스템을 도입했다.

그러나 그건 대증요법일 뿐이다. 보다 근원적인 대책을 마련해야 한다. 베이징에서 화장품 유통업체인 카라카라를 경영하고 있는 이춘우 사장은 밀폐용기 락앤락의 예를 들어 이렇게 설명한다.

"한때 중국에서 선풍적인 인기를 끌었던 밀폐용기 락앤락은 지금은 판매 실적이 예전 같지 않습니다. 많은 이들이 중국 짝퉁 때문으로 생

베이징의 카라카라 매장. 이 회사 이춘우 사장은
값을 더 이상 내릴 수 없을 때까지 내렸다고 말한다.

각합니다. 과연 그럴까요? 락앤락이 중국에 진출한 지 10년이 넘었습니다. 그 긴 시간 동안 중국 로컬업체가 그 시장을 '너 다 먹어라' 하고 가만히 뒀다면, 그게 더 이상한 것 아닙니까?"

지금 중국 시장에선 락앤락보다 절반 가격에 팔리는 밀폐용기가 수두룩하다. 그런데 써보면 품질에 별 차이가 없다. 로컬제품의 가성비가 월등히 높은 것이다. 소비자들이 굳이 락앤락을 고집할 이유가 없다. 그걸 짝퉁이라고 할 수 있을까?

"삼성전자가 소니 이길 때 어떻게 했죠? 똑같잖아요. 일단 기술 모방하고, 가격 내리고, 그렇게 상대를 시장에서 몰아내고, 그다음 시장을 다 먹을 수 있었습니다. 중국 기업이라고 그렇게 못할 이유가 없습니다. 오히려 더 잘하죠."

이춘우 사장의 얘기다. '가격 현지화'가 현지화의 마지막 단계라는 지적이다. 그의 얘기를 더 들어보자.

상하이 중심 상가인 난징루의 이니스프리 매장. 한국 화장품 브랜드들은
글로벌 회사의 브랜드 파워와 현지 기업의 가성비 공세에 직면하고 있다.

"KFC, 맥도날드, 코카콜라는 중국에서도 짝퉁이 없습니다. 초코파이도 그렇고요. 왜 그럴까요? 싸니까 그래요. 그 가격으로는 도저히 짝퉁을 만들 수 없으니까. 수없이 시도했지만 안 되는 겁니다. 그게 짝퉁을 이기고 시장에서 살아남는 유일한 방법입니다."

어정쩡한 기술로 가성비 포지션을 잡으려 한다면 성공할 수 없다는 설명이다.

'다다메이메이(達達美美)'는 중국 전역의 고객들이 스마트폰으로 주문한 화장품을 한 시간 내로 집까지 배송하는 O2O서비스다. 중국 57개 도시에 설치된 157개의 유통 거점을 구축했기에 가능한 일이다. 2017년 하반기 기준 다다메이메이의 유저 수는 330만 명에 육박한다. 베이징에서 활동하고 있는 남기범 다다메이메이 대표의 얘기를 들어보자.

"4~5년 전에는 한국 화장품들이 중국에서 주목받기 쉬웠습니다. 중국 플랫폼들 간의 경쟁이 심할 때는 한국 화장품이 입점만 하면 알아서 마케팅을 다 해줬지요. 이제는 돈이 되는 것들만 키웁니다. 딱 두 종류지요. 에스티 로더, 랑콤 등 글로벌 고가 브랜드, 아니면 가성비가 뛰어난 현지 제품입니다. 한국의 중소 화장품업체들이 설 땅은 점점 줄어들고 있습니다. 미국, 유럽의 고가 화장품과 퀄리티가 높아진 중국 저가 화장품 사이에 낀 어중간한 포지션으로는 아무것도 안 됩니다."

그는 "실제로 현재 중국 주요 전자상거래 플랫폼 내 화장품 순위를 보면 1위에서 10위까지가 글로벌 브랜드와 중국 현지 브랜드"라며 "한국의 1위 아모레퍼시픽은 아쉽게도 10위권 밖에 머물고 있다"고 말했다.

그런 면에서 우리는 중국 비즈니스에서 '시간'이라는 요소를 감안해야 한다. 혁신 제품도 중국에서는 너무 빠르게 일반 상품이 된다. 로컬 업체들이 금방 캐치업(catch-up)하니까 말이다. 그렇게 우리의 많은 제품이 현지 짝퉁 기업들에 기술을 잡혔다. 그다음의 '시간차 공격'은 가격이다. 기술을 습득한 그들은 가격을 갖고 덤빈다. 락앤락, 갤럭시, 현대자동차 등이 고전하는 이유다.

5년, 10년 길게 보고 중국 비즈니스를 해야 한다. 중국은 처음에는 조잡한 짝퉁을 만들다 결국 기술을 따라잡는다. 머지않아 그 기술은 일반화된다. 바로 그때 우리 사업의 성패가 결정된다. 핵심은 그들과 싸워 이길 수 있는 가격이다. 이 단계에 가면 기술도 중요하지만 더 필요한 건 가격 현지화다. 현지 기업들이 범접할 수 없는 가격을 제시해야 한다. 코카콜라, 맥도날드처럼 말이다. 그게 바로 갤럭시는 안 되고 초코파이는 되는 이유다. 가격 현지화, 현지화의 완성이다.

'중국 전문가'란 어떤 사람인가
_진정한 중국 전문가의 3가지 조건

중국 전문가, 참 많다. 어지간한 회사마다 중국팀이 있고, 중국 비즈니스 경력이 있는 팀장이 팀을 이끈다. 정부기관에도 중국어를 구사하는 '전문가'들이 수두룩하다. 풍요 속의 빈곤인가. 그럼에도 우리는 주변에서 "중국 전문가가 없어"라는 말을 자주 듣는다. 중국을 안다는 사람은 많은데, 막상 일을 맡길 만한 사람은 없다는 거다.

꼭 필요한 곳에는 전문가가 더 없다. 외교부 정책라인에 중국 전문가가 없다는 건 너무도 잘 알려진 얘기다. '아메리칸 스쿨(미국파)', '저팬 스쿨(일본파)'이 잡고 있을 뿐, 중국을 아는 사람은 드물단다. 사드 문제가 커진 것은 고위 정책라인에 중국 전문가가 없었기 때문이라는 지적도 현실감 있게 다가온다.

그 많다는 중국 전문가는 모두 '무늬만 전문가'였단 말인가? 우리는 중국 전문가를 잘 관리하고 있는가? 우선 물어보자. 업무 현장의 '중국 전문가는 어떤 자질을 갖춘 사람인가?'

가장 많이 돌아오는 답은 '중국어를 해야 한다'는 것이다. 과연 그런가? 중국어가 중국 전문가의 필요조건일 수는 있다. 그러나 충분조건은 아니다. 중국어 한다고 중국 전문가라고 할 수는 없다는 얘기다.

필자가 생각하는 중국 전문가는 '중국인의 사고를 이해할 수 있는 사람'이다. 그들이 어떻게 생각하고 반응할지를 추측해낼 수 있어야 전문가다. 사드 문제가 터지면 이에 대해 중국인들은 어떻게 생각하고, 어떤 반응, 어떤 대응을 할지 앞을 내다볼 수 있어야 한다는 얘기다.

계약을 위한 협상에서도, 협정을 위한 담판에서도, 심지어 중국 관광객에게 생수 한 병을 팔 때에도 가장 중요한 건 그들의 심리를 이해하는 것이다. 협상을 유리하게 타결하려면, 물건 하나 더 팔려면 그들의 머릿속에 들어가야 한다. 그걸 잘하는 사람이 중국 전문가다. 중국인들의 속내를 훤히 들여다볼 수 있는 사람 말이다.

그렇다면 그런 중국 전문가가 되기 위해서는 어떤 조건을 갖추고 있어야 하는가? 3가지가 필요하다.

우선, 인문(人文)이다. 구체적으로는 중국의 역사, 철학, 문학에 대한 이해다.

그동안 우리는 중국에서 주로 '기계'와 대화를 했다. 기계를 잘 돌리면 됐다. 제조업 위주의 협력이었으니 말이다. 중국인은 그냥 그 기계를 돌리는 노동 단위일 뿐이었다. 그러나 지금은 그들에게 무엇인가를 팔아야 하는 시대다. '중국 시장을 우리의 내수시장으로 만들라'고 하지 않던가. 그렇다면 이제는 기계가 아닌 중국 사람들과 대화를 해야 한다. 당연히 그들 머릿속에 무엇이 들어 있는지를 알아야 한다.

그래서 필요한 게 바로 인문 지식이다. 중국의 역사를 알아야 하고, 철학을 이해해야 하고, 문학을 공부해야 할 이유다. 그래야 중국인들의 사고를 이해할 수 있다.

중국인들에게 역사는 현실을 비춰보는 거울이다. 그들은 현실 문제를 해결하기 위해 인식체계 깊숙히 축적되어 있는 역사를 꺼내온다. 한자(漢字)는 그 과거와 현재를 잇는 매개다. 2,500년 전 공자가 썼던 문자가 지금도 초등학교 교과서에 실려 있다. 5,000년 지혜를 담은 한자의 역사와 철학, 문학을 이해하지 않고는 어떤 중국 전략도 나올 수 없다.

한 비즈니스맨이 양저우(揚州) 출장 길에서 이백(李白)의 시 '황학루에서 광릉 가는 맹호연을 배웅하다(黃鶴樓送孟浩然之廣陵)'를 읊었다면? 중국인들의 시선이 달라질 수밖에 없다. 쉽게 계약을 따낼 수 있을 것이다. 뻐기기 좋아하는 중국인에게 노신(魯迅)의 《아Q정전》을 얘기하라. 그 스스로 창피함을 느낄 것이다.

둘째, 인맥(人脈)이다.

일이 터졌을 때 이를 해결할 수 있는 중국인을 옆에 두고 있느냐의 문제다.

중국은 사람과 사람 간 관계가 중시되는 사회다. 흔히들 '관시가 중요하다'고 말하는 이유다. 그렇다고 불법적인 일을 해놓고 관시로 해결하라는 것은 아니다. 그런 시대는 갔다. 하지만 아직 중국에서 법은 멀

©중앙일보

분주한 광저우 시내 풍경. 풍요속의 빈곤이라던가, '중국 전문가는 많다는데 찾으면 없다'는 얘기가 나온다. CEO가 나서서 중국을 공부해야 한다는 지적이다.

다. 소송? 그건 막판에 할 일이다. 우리가 찾는 중국 전문가란, 문제가 터졌을 때 피해를 최소화하고, 이를 해결할 수 있는 사람이다.

적확한 중국인을 찾아 해결 방법을 모색해야 한다. 우리나라에서도 관시는 중요하다. 여권 하나 만들 때에도 구청에 아는 직원이 있으면 반나절 만에 뚝딱 만들 수 있다. 미국도 크게 다르지 않을 것이다. 그런데 왜 중국에서만 유독 관시, 관시 하는가. 중국에는 도처에 울타리가 많기 때문이다. 관시는 그 울타리를 타고 넘어가는 통로다. 시장에 파고들 때 긴요한 게 바로 관시라는 얘기다.

관시의 속성을 알아야 한다. 한국의 인맥과 중국의 관시가 다른 점은 지향하는 시점이다. 한국의 인맥은 다분히 과거지향적이다. 우리나라에서 가장 강력한 인맥은 고려대동문회, 호남향우회, 해병대전우회라고 하지 않던가. 과거의 '끈'을 찾아 무엇인가 부탁하고, 또 그 인맥을 바탕으로 서로 봐주기도 한다. 자기들끼리 결탁하고, 패거리를 만든다.

그러기에 한국의 인맥에는 부정적 의미가 담겨 있다.

이에 비해 중국의 관시는 미래를 지향한다. 미래에 무엇인가를 이루기 위해 현재의 사람들이 모여 '퇀두이(團隊, 모임)'를 만든다. 내일 돈을 벌기 위해 오늘 그와 관련된 사람을 찾아 뭉친다. 그러기에 관시는 이익을 바탕으로 한다. 미래의 이익이 중국 관시의 속성이다. 그 중심에 '돈'이 있다.

물론 근본은 신뢰다. 신뢰가 쌓인 사람끼리라야 쉽게 모인다. 그렇게 모여 미래의 일을 도모한다. 미래에 대한 공통적인 비전이 없다면 중국에서는 관시 형성이 어렵다. 그래서 중국의 관시는 더 역동적이고, 건설적일 수 있다.

달리 방법이 없다. 중국인을 존중하고, 그들과 이익을 나누겠다는 배려의 마음이 있어야 한다. 정부와 기업의 리더들은 '관시는 중국 비즈니스의 자원'이라는 인식을 가져야 한다. 제도적으로 관시를 구축해야 한다는 얘기다. 중국 업무와 관련한 사람을 귀히 여기고, 정부나 회사 차원에서 중국 파트너들을 관리해야 한다.

셋째는 변별력(辨別力)이다. 좀 더 구체적으로 말하자면 중국적 특성을 구별해낼 수 있는 능력이다.

어느 제법 큰 중견기업에서 중국과 관련된 일이 터졌다. 사장은 임원회의를 소집한다. 우선 회사 내 중국 전문가로 통하는 중국 팀장에게 시선을 돌린다. 중국에 오랫동안 파견되어 일한 인물이기에 훌륭한 솔루션을 제기할 것으로 기대한다. 그러나 그가 낸 답은 별로 신통치 않다. 뭔가 미진하다는 생각이 든다.

근데 좀 더 멀리 앉아 있던 총무 담당 상무가 툭하니 의견을 제시한다. 미국에서 오랫동안 일한 경력이 있는 임원이다. 중국에는 가끔 출장만 다녀왔을 뿐이다. 그런데 그의 솔루션이 적절해 보인다. 사장은 그의 답에 고개를 끄덕인다. 중국 팀장은 머쓱해질 수밖에 없다.

당신 회사에서도 충분히 일어날 수 있는 일이다. 왜 그럴까? 중국어를 전공하고, 중국 지사에서 오랫동안 근무하고, 중국 친구들도 많은 사람을 우리는 흔히 중국 전문가라고 말한다. 그러나 그게 오히려 독이 될 수 있다. 중국에 묻혀 큰 흐름을 보지 못할 수도 있기 때문이다. 중국적 특성과 보편적인 것을 구별해내는 변별력이 떨어진다는 얘기다. 나무는 보되 숲을 보지 못하는 것이다. 중국만 아는 사람을 중국 전문가라고 할 수 없다. 중국의 특성을 잡아내기 위해서는 중국 이외의 나라 사정도 잘 알 필요가 있기 때문이다.

그래서 필요한 게 순환근무다. 중국 전문가라고 해서 중국 지사나 중국 관련 부서에만 박아두면 변별력을 키우기 어렵다. 중국 인력이라고 하더라도 본사와 지사 간 순환근무가 필요하고, 중국과 관련 없는 부서 근무도 시켜봐야 한다. 그래야 종합적인 사고를 할 수 있고, 시너지 효과를 기대할 수 있다. 중국 전문가를 미국에 파견시켜 일하게 하는 것도 방법이다.

KOTRA에는 중국 전문 인력이 많다. 그런데 한번 '중국 인력'으로 찍히면 중국 업무에서 빠져나오기 힘들다고 한다. 그래가지고는 창의적이고 신선한 아이디어를 구하기 어렵다. 다른 지역으로 돌려야 한다. 그래야 멀리 볼 수 있는 눈이 생긴다.

필자가 특강 강연자로 참석했던 삼성전자의 중국 전문가 코스는 중국 지사 근무 경력을 갖고 있는 과장급 직원을 대상으로 기획된 중국 교육 프로그램이었다. 앞으로 파견될 직원이 아닌, 파견됐다 돌아온 직원들이다. 대부분 중국 현지 법인 근무를 마치고 돌아온 뒤 중국과 관련 없는 부서에서 일한다.

약 4개월 동안 진행되는 교육을 통해 '당신은 비록 지금은 중국과 무관한 일을 하고 있지만 회사가 관리하는 중국 전문가'라는 인식을 갖게 된다. 중국도 알고, 회사 전반의 돌아가는 사정도 알고, 게다가 중국 아닌 다른 지역에 대한 지식도 습득할 수 있게 한다. 변별력은 그렇게 키워진다.

기업의 중국 비즈니스에서 더 중요한 요소가 하나 있다. 회사 CEO부터 중국 전문가가 되어야 한다는 점이다. 우리 기업이 중국 비즈니스에서 낭패를 당하는 가장 큰 이유는 평사원이 아닌 부장, 더 크게는 CEO에 있다. CEO가 중국을 모르니 한국에서 했던 똑같은 전략으로 중국 사업을 밀어붙이려 한다. 부장이 중국에 대해 무식하니 CEO의 지시를 그냥 그대로 현장 직원들에게 하달하며 닥달한다. 무지막지하게 실적을 내라고 찍어누르는 본사, 한국과는 달리 움직이는 중국 시장 환경…. 그 사이에서 현지 파견 직원들은 스트레스를 받고, 결국 허위 보고를 하거나 자포자기 상태로 빠지곤 한다. CEO가 나서서 중국을 공부하고, 현지화하겠다는 결연한 의지가 필요하다.

답은 'SOFT CHINA'에 있다
_중국 비즈니스 선수 교체, 9명의 새 멤버

13억 인구를 바탕으로 한 거대한 생산력은 중국을 세계 최대 수출국이자 최대 제조업의 나라로 만들었다. 세계 2위 경제 대국이 그 성적표다. 그 경제에 근본적인 변화가 일어나고 있다. '만드는 나라'에서 '소비도 하는 나라'로 산업구조가 바뀌고 있다.

'제조업 시대'의 13억 중국 인구는 '노동력(labor force)'으로서의 의미가 강했다. 그 인구는 이제 구매력(purchasing power)으로 형질이 변하고 있다. 세계 어느 나라보다 두터운 중산층이 형성되고 있고, 소비의 고급화가 진행되고 있다. 미국의 저명한 중국 경제 전문가 니컬러스 라디 피터슨 국제경제연구소(PIIE) 선임연구원의 말대로 지난 30여 년, 13억 인구는 노동력으로 세계의 경제 판도를 바꿔왔지만 앞으로는 구매력으로 세계 경제 지형도를 다시 한 번 흔들어놓을 것이다.

통계로도 확인된다. 중국의 GDP 대비 제조업 비중은 2000년 45.5%에서 2017년 40.5%로 낮아졌다. 반면 서비스산업은 같은 기간 39.8%에서 51.6%로 올라섰다. 2013년부터 서비스산업 비중이 제조업 비중을 넘어섰다. 소비 주도의 질적 성장 전략이 효력을 발휘하고 있는 것이다. 이 추세는 시간이 갈수록 더 강화될 것이다. 중국 경제는 어쨌거나 매년 6~7%씩 성장하는 시장이니까 말이다.

우리의 대중국 비즈니스 패러다임도 바뀌어야 한다. 제조업 시대엔 '어떻게 하면 중국에서 싸게 생산할 것인가?'만 고민하면 됐지만, 소비의 시대를 맞아선 '어떻게 하면 그들에게 비싸게 팔 것인가?'를 연구해야 한다. 그동안 대중국 비즈니스의 주력은 철강 · 기계 · 석유화학 · 자동차 등 제조업 위주였다. 이제 선수를 교체해야 한다. 소비시장을 겨냥한 새로운 '소프트' 상품을 비즈니스 전면에 내세워야 한다. 필자는 'S · O · F · T · C · H · I · N · A(소프트 차이나)'를 제안한다. 소비시대 중국을 겨냥한 새로운 주력 비즈니스 분야다.

Style: 패션

'매력'도 상품이다. 중국 소비자들에게 맵시(스타일)를 팔아야 한다. 동력은 K패션이다.

중국은 세계에서 옷을 가장 싸게 만드는 나라다. 우리가 당할 수 없다. 그러나 디자인 분야는 해볼 만하다. 지금도 수많은 중국 디자이너가 동대문 상가를 돌며 디자인을 베끼느라 눈동자를 굴리는 이유다. 중국 2위 전자상거래업체인 JD닷컴의 천완(陳婉) 패션 · 가구 담당 총경리는 인천에서 열린 구매설명회에서 "소량 다품종 옷을 생산하는 동대문 패션 생태계는 중국으로선 상상도 할 수 없는 것"이라며 "전자상거래와 가장 잘 어울리는 시스템"이라고 말했다. K패션과 중국 전자상거래 플랫폼의 결합에 기회가 있다는 지적이다.

O2O: 인터넷 모바일

중국에선 지금 인터넷 모바일혁명이 진행 중이다. 'O2O(Online to Offline, 온 · 오프라인 연계)'는 이를 상징하는 키워드다. 7억 명에 육박하는 모바일 인터넷 사용자가 그 기반이다.

모바일혁명이 기존의 유통시스템을 뿌리째 흔들어놓고 있다. 제품 등록, 주문, 결제, 배송 등의 과정이 모두 인터넷 O2O 플랫폼에서 이뤄진다. 이를 활용하면 우리 기업이 중국 사업에서 가장 취약한 부분인 유통채널 문제를 해결할 수도 있다. 인터넷 비즈니스의 핵심인 결제를 원활하게 해야 한다. 중국의 결제시스템과 연동해 한국과 중국을 오가며 물건을 살 수 있어야 한다.

Film & Drama: 영화·드라마

한국 영화와 드라마가 중국인들을 사로잡은 건 오래전의 일이다. 음악이 한류의 진원지였다면, 영화와 드라마는 한류를 산업 전체로 퍼뜨린 주역이다. 드라마 〈사랑이 뭐길래〉(1992년)는 중국 가전시장에서 한국 제품 돌풍을 일으켰고, 〈대장금〉(2003년)은 현대자동차가 중국 시장에 정착하는 데 힘을 보탰다. 〈별에서 온 그대〉(2013년)는 한국 화장품을 중국 시장에 퍼뜨린 으뜸 공로자다. CGV는 급성장하고 있는 중국 영화시장을 노리고 있다. 현재 영화관 63개, 스크린 503개를 운영 중이다. 박근태 CJ대한통운 사장은 "중국 영화시장은 매년 50% 이상씩 성장하고 있다"며 "우리의 제작 편집 노하우를 잘 활용한다면 기회는 무궁하다"고 말한다.

Tour: 유커 비즈니스

관광은 확장성이 높은 분야다. 항공 · 호텔 · 카지노 · 면세점 · 화장품 · 의류 등 관련 분야가 '유커' 특수 업종으로 분류된다. 심지어 안경 · 생리대 · 과자 등으로 확산 중이다.

유커가 손을 대는 품목의 기업은 대박이다. 유커는 노령화로 인해 위축되고 있는 국내 소비시장을 부추길 힘이다. 산업 차원으로 바라봐야 한다는 얘기다. 저가 덤핑 관광이 아닌 고급 자유 여행객 유치로 서비스의 부가가치를 높여야 한다. 국내 관광인프라를 꾸준히 개선해야 할 이유다.

Cosmetic: 화장품·성형

"중국 시장 공략에 성공한다면 중소기업은 일약 중견기업으로 성장할 수 있고, 중견기업은 대기업 반열에 오를 수 있다".

이를 단적으로 보여준 분야가 바로 화장품이다. 중국 소비자들은 아모레퍼시픽이라는 평범한 중견기업을 국내 증시 시가총액 톱랭킹 수준의 대기업으로 키웠다. 2016년 한국 화장품업계는 10조 원 생산, 1조 원 수출을 달성했다. 중국 시장이 있었기에 가능했던 얘기다.

화장품의 인기는 성형수술로 이어져 의료 관광객 유치에도 힘을 보태고 있다. 마스크팩 전문업체인 L&P코스메틱의 차대익 사장은 "화장품은 아름다움을 버무려 파는 문화상품"이라며 "중국 소비자에게 다가갈 유통시스템을 잘 짠다면 우리나라 화장품은 오랫동안 경쟁력을 유지할 수 있을 것"이라고 말했다.

Health: 헬스케어

중국 소비자들의 소득 수준이 높아지면서 믿고 사용할 수 있는 위생 · 보건 상품에 대한 수요도 늘고 있다. 특히 고령화 시대를 맞아 실버시장이 주목받고 있다. 이미 많은 중국인이 건강검진, 임플란트 시술, 암 치료 등을 위해 한국 병원을 찾고 있다. 연세대 세브란스병원이 칭다오에 대규모 병원을 설립하는 등 의료시장이 새로운 비즈니스 영역으로 등장하고 있다. 한국무역협회 통상연구실은 보고서를 통해 "중국인들의 헬스케어 지출 규모는 1인당 GDP 대비 5.6%로 아직 선진국 수준의 절반에 불과하다"며 "의료서비스 및 의료기기, 보건용품, 실버

타운 등의 분야를 적극 공략할 필요가 있다”고 강조했다.

Infant: 유아시장

한미약품은 중국에서 ‘아동 전문업체’로 불릴 만하다. 이 회사가 만든 어린이 강장제인 ‘마미아이’, 어린이 기침감기약인 ‘이탄징’ 등이 해당 시장을 주도하고 있기 때문이다. KOTRA 중국사업단의 정환우 박사는 “산아제한정책 폐지, 바링허우(80後. 1980년대 이후 출생) 세대의 출산 연령대 진입 등으로 유아시장이 폭발적으로 늘어나고 있다”며 “어린이 전문업체가 아니더라도 자사 분야의 유아시장에서 무엇을 팔 수 있을지 고민해야 한다”고 말했다. 분유, 영유아 전용 세제, 기저귀, 아동복 등이 대표적인 수혜 제품군으로 꼽힌다. 중국에서는 서울 인구와 맞먹는 약 1,000만 명의 신생아가 매년 태어난다는 점을 감안해야 한다.

eNtertainment: 게임·놀이 문화

소비시장에서 ‘여가(餘暇)’는 돈이다. 그들의 여가 시간을 빼앗아야 한다. 한국의 게임은 오래전부터 중국 청소년들의 여가 시간을 파고들었다. 2001년 온라인게임 ‘미르의 전설’에서 시작해 ‘크로스파이어’, ‘던전앤파이터’ 등의 히트작을 냈다. 창업보육센터인 디캠프의 김광현 센터장은 “중국 자본이 밀려오면서 한국 게임업계의 위기감이 고조되고 있지만 우리 젊은이들의 창의력이라면 충분히 이겨낼 수 있다”며 “지금 중요한 건 그들이 마음껏 창작활동을 할 수 있도록 제작 환경을 조성해 주는 것”이라고 강조했다. 한국의 역동적인 문화가 살아 있는 ‘난타’와 같은 공연 기획물들도 중국인들의 여가를 공략할 수 있는 무기다.

Agri-: 농수산품 및 먹거리

농수산물 분야는 한중 FTA에서 가장 피해를 많이 보는 영역으로 꼽힌다. 그러나 오히려 그곳에 기회가 있다. 한국의 신선우유가 중국 엄마들 사이에서 히트를 치고 있는 사실이 이를 보여준다. 삼계탕도 수출된다. 머지않아 중국인들의 식탁을 파고들 명품 김치 브랜드도 나올 수 있다. 중국에서만 한 해 약 7억 개가 팔리는 초코파이가 보여주듯, 과자도 경쟁력을 갖출 수 있는 상품이다. 청정 한국 돼지고기는 가공만 잘하면 고가 브랜드로 개발할 수 있다. 발상을 전환하면 비즈니스가 보인다.

4부

중국의 길, 한국의 길
_Which Way China? Which Way Korea?

돌이켜보면 중국 정권의 본질은 한 번도 바뀐 적이 없다. 단지 일시적으로, 힘의 부족 때문에, 비교적 온화한 표정을 내비쳤을 뿐이다. 그리고 자신감을 얻게 된 순간, 즉시 본래 가지고 있던 억압의 본질을 여지없이 드러내고 있는 것이다. 주변 국가들은 이렇게 거칠고 제멋대로인 강권과 공존하는 법을 일찍부터 배워둬야 할지도 모른다.

– 쉬즈위안(許知遠), 《미성숙한 국가(未成熟的國家)》에서

시진핑 경제의 미래 10년

_강성 권위주의가 경제를 인질로 잡다

이제야 모든 퍼즐이 맞춰진다. 관례대로라면 총리에게 맡겨야 했을 중앙재경영도소조(中央財經領導小組) 조장 자리를 왜 시진핑 주석 자신이 직접 꿰찼는지, 반부패 드라이브의 대상이 왜 반대파 거물급 인사에 집중됐는지, 2017년 제19차 당대회에서는 왜 격대지정(隔代指定. 차차기 지도자를 지정함)의 관례를 깨고 후계자를 지정하지 않았는지…. 이는 모두 하나의 목표를 향한 일련의 움직임이었다. 시진핑 주석의 집권 연장을 위한 '3선 개헌' 말이다.

도대체 중국은 어디로 가려는 것일까?

중국이 세계의 정치 · 경제 문제에 대해 자신의 목소리를 낼 수 있게 된 힘은 '경제'에서 나왔다. 급속한 경제성장으로 부를 축적했고, 내수

중국 선전 롄화산에 있는 덩샤오핑 동상

시장을 키웠다. 힘은 이제 해외로 뻗치고 있다. 그 힘이 워낙 커 주변국을 겁주고 있다. 그렇다면 경제를 일으킨 동력은 어디에서 나왔는가? 필자는 그 답을 체제에서 찾는다. 한마디로 표현하자면 이것이다.

'권위주의 정치'와 '포용 경제'.

공산당 정권은 국가를 틀어쥐고 독재 권력을 행사하고 있다. 당이 곧 국가다. 정치적 이견은 존재할 수 없다. 그러나 경제는 달랐다. 계획경제를 고집하지 않고 자본주의의 전유물이라는 '시장 메커니즘'을 전적으로 받아들였다. 덩샤오핑의 설명은 간명했다.

"계획경제가 곧 사회주의는 아니다. 자본주의에도 계획은 있다. 시장경제가 곧 자본주의는 아니다. 사회주의에도 시장은 있다(計劃經濟不等於社會主義, 資本主義也有計劃; 市場經濟不等於資本主義, 社會主義也有市場)." (1992년 남순강화 중에서)

'시장이니, 계획이니 하는 것은 경제 운용의 한 수단(tool)일 뿐'이라는 얘기다. 중국은 그렇게 '사회주의 시장경제'라는 국가시스템을 만들었다. 거대한 실험이었다. 강한 공산당은 국가의 비전을 제시했고, 시장의 자율 조절 기능을 체제 안으로 끌어들였다. 그 결과가 세계 2위 경제 대국이다.

1978년 개혁개방 이후 중국 공산당의 정치, 경제 운용의 큰 흐름은 권력의 하방(下放)이었다. 국가의 권력을 민간에 이양하는 과정에서 성장의 동력을 찾아냈다. 그게 바로 개혁개방의 설계사 덩샤오핑이 의도한 발전 전략이었다. 그렇다고 순탄한 것만은 아니었다. 성장의 큰 트렌드 속에도 기복은 있었다. 당이 중앙 권력을 민간에 풀어주느냐(放), 아니면 회수하느냐(收)에 따라 정치, 경제는 출렁였다.

그 역사를 보자. 그래야 시진핑 체제의 내일이 보인다. 미국의 유력 중국 전문가인 데이비드 샴보의 시기 구분을 참고했다.

1978-1989: 자유주의적 신권위주의(放)

덩샤오핑이 개혁개방 기치를 들었던 시기다. 문화대혁명에 시달렸던 중국인들은 당 권력에 진절머리를 냈다. 덩은 당 통제를 풀기 시작했다. 문혁으로 꽉 막혔던 사회에 숨통이 트였다. 1980년대 중반 들어 지식인들을 중심으로 민주화를 요구하는 급진적인 사조가 퍼지기도 했다. 경제특구가 들어서고 경제가 돌아가기 시작했다.

1989-1992: 신전체주의(收)

장쩌민이 전면에 나서고, 덩샤오핑이 뒤에서 받쳐주던 시기였다. 지식층을 중심으로 한 자유주의 사조는 결국 1989년 천안문 사태로 이어졌고, 민주화 열기는 처참하게 꺾이고 만다. 이후 덩샤오핑의 남순강화가 이뤄졌던 1992년 초까지 당은 풀었던 권력을 거둬들였다. 외부를 향해 열었던 문을 다시 걸어 잠갔다. 언론은 통제됐고, 반체제 인사는 탄압을 피해 지하로 숨어야 했다. 경제는 후퇴했다. 중앙이 권력을 강화하고, 민간에 풀었던 권력을 회수하면 경제가 타격을 받게 된다는 것을 여실히 보여줬다.

1992-1998: 경성 권위주의(제한된 '放')

장쩌민이 집권 1기를 시작할 때다. 1992년 덩샤오핑의 남순강화 이후 중국은 다시 권력을 풀기 시작한다. 천안문 사태 여파로 중단된 개혁개방이 다시 시작됐다. 그러나 한계는 있었다. '서방이 평화적인 수단으로 중국을 전복하려 한다(和平演變)'는 압박감이 적극적인 개방을 방해했다. 당시 총리였던 리펑(李鵬)이 사사건건 개혁의 발목을 잡았다. 시장 개방은 당이 설정한 범위 내에서만 추진됐고, 정치 개혁은 여전히 금기사항이었다. 민간에 대한 통제와 압박은 크게 개선되지 않았다.

1998-2008: 연성 권위주의(放)

장쩌민 집권 2기에 들어서면서 중국은 보다 과감하게 권력을 풀기 시작했다. 상하이방 출신의 주룽지(朱鎔基)가 총리에 올랐던 1998년부터 개방은 가속화된다. 당시 총서기였던 장쩌민은 소위 '3개 대표(三個代表)'를 내세워 "자본가도 우리 편"이라고 외쳤다. 공산당은 농민, 노동자뿐만 아니라 자본가의 이익도 대표한다는 얘기였다. 당내 민주화 등 정치 개혁이 진행됐고, 시장에 대한 정부의 개입은 줄어들었다.

후진타오 체제가 시작된 2002년 중국은 WTO에 가입했고, 자유주의 사조가 퍼지기 시작했다. 경제는 황금기를 맞는다. 일본을 누르고 세계 2위 경제 대국에 올랐다. 정부의 개입이 줄면 민간의 활력은 높아진다는 걸 보여준다.

2008-2017: 경성 권위주의(제한된 '收')

후진타오 집권 후기였던 2008년을 고비로 중국 공산당은 권력을 다시 거둬들이기 시작한다. 세계 금융위기, 티베트와 신장에서의 폭동 등으로 국내외에서 위협을 느끼면서 다시 통제 강화에 나섰다. 정치 개혁은 중단됐고, 국가의 시장 개입이 강조되는 '국진민퇴(國進民退)' 현상이 나타났다.

2012년 시진핑-리커창 체제가 들어서면서 이 같은 흐름은 더 강화됐다. 시진핑 주석의 반(反)부패 드라이브로 권력은 1인에게 집중되었고, 리커창의 친(親)시장 정책은 점점 한계를 노출하고 있다. 시험적으로 진행되던 정치 개혁은 중단됐다.

이 같은 흐름을 걸어오던 중국 정계에 2018년 파란이 인다. 시진핑 주석이 헌법을 바꿔 집권 연장의 길을 걷겠다는 뜻을 분명히 한 것이다. 세계는 지금 시진핑의 또 다른 장기 집권 시대가 열릴지 주목하고 있다.

1949년 건국 이후 중국 최고 지도자는 마오쩌둥, 덩샤오핑, 장쩌민,

개혁개방 이후 중국의 정치 · 경제 발전 과정

구분	시기	지도자	계기	특징과 키워드
자유주의적 신권위주의	1978~1989	덩샤오핑 (자오쯔양)	개혁개방	자유주의 사조 흡수, 민주화 기대, 경제특구
신전체주의	1989~1992	덩샤오핑 (장쩌민)	천안문 사태	마오쩌둥식 통제, 퇴행, 위축, 개혁개방 축소
경성 권위주의	1992~1998	장쩌민(전기)	화평연변 (和平演變)	관료주의, 제한된 통제 완화, 제한적 개혁
연성 권위주의	1998~2008	장쩌민(후기) 후진타오(전기)	3개 대표 WTO 가입	정치 개혁, 시장 개입 자제, 부분 경제 개혁
경성 권위주의	2008~2017	후진타오(후기) 시진핑(전기)	국진민퇴 반부패	관료주의, 국가 개입, 경제 왜곡, 민간 위축
강성 권위주의	2018~	시진핑(후기)	중국몽 신형 대국	국가권력 강화, 반대 세력 탄압, 민간 위축

《중국의 미래》(데이비드 샴보, 한국경제신문) 참고

후진타오 등을 거쳐 시진핑에 이르고 있다. 그러나 《2035 중국 황제의 길》의 저자 유상철 중앙일보 논설위원은 '마오(毛)-덩(鄧)-시(習)의 3 라인'으로 본다. 장쩌민, 후진타오는 덩 시대의 일원일 뿐이라는 해석이다. 유상철은 "내전과 혁명 등을 거치며 나라를 일으킨 마오의 30년, 개혁개방으로 부(富)를 일군 덩의 30년과는 확연히 다른 시진핑의 30년이 시작됐다"고 보고 있다. 그게 바로 시진핑 신시대다.

그렇다면 시진핑 신시대는 어떤 내용을 담을 것인가?

2017년 가을 열린 19차 당대회로 가보자. 당시 시진핑 총서기 보고의 핵심 키워드 중 하나는 '당(黨) 건설'이다. 빈부격차 없는 새로운 사회주의 건설을 위해 당의 개입을 강화하겠다는 거다. 국가가 그간 놓았

©조상래

'당과 함께 창업'. 선전의 한 IT기업 로비에 등장한 슬로건이다.
국가의 민간 부분 개입이 커지고 있음을 상징한다.

던 권력을 다시 회수(收)하겠다는 뜻이기도 하다. 더욱 강력한 권위주의 시대가 시작될 것임을 예고한다. 필자가 시진핑 2기를 '강성 권위주의'로 보는 이유다.

서방 전문가는 시진핑 체제를 비관적으로 본다. 데이비드 샴보는 "국가권력이 개입하면서 민간 부분이 위축되고, 이로 인해 경제가 정체 상태에 빠지게 될 것"이라고 분석한다. 2기로 접어든 시진핑 체제는 1기 때보다 더 중앙 권력을 강화할 것이고, 사회 반발을 저지하는 과정에서 강압적인 권위주의 체제로 변할 것이라는 게 그의 생각이다.

앞의 역사 구분에서 보았듯 당이 권력을 다시 거둬들이면(收) 민간의 성장 탄력은 약화될 수밖에 없다. 경제엔 타격이다. 이를 만회하기 위해 정부는 투자를 인위적으로 늘리는 등 '억지 성장'을 시도하게 된다. 이는 경제 왜곡을 심화시킬 뿐이다. 중국이 6~7% 성장을 맞추려는 것이 오히려 경제에 독이 될 수 있다는 얘기다. 2008년 세계 금융위기 직후 중국은 4조 위안의 대규모 경제부양자금을 풀었고, 당시 풀린 자금은 지금까지도 중국 경제의 건전한 발전을 막고 있다.

경제성장의 원동력이었던 경제의 포용성이 심각하게 위축되면 성장은 지체될 수밖에 없다. "중국 경제성장은 국유 부문이 아닌 민영 부문이 주도했다. 민영 부문에 대한 국가 개입의 강화는 경제를 오히려 후퇴시키고 왜곡을 낳을 뿐"이라는 미국의 또 다른 중국 전문가 니컬러스 라디 피터슨의 분석과 맥을 같이한다.

여기서 한 가지 의문이 떠오른다. 이들의 주장과는 달리 시진핑시대에서도 IT분야 혁신으로 민영 부문은 활기를 보이고 있다는 점이다. 중국은 지금 인터넷 모바일혁명이 한창이다. 알리바바, 샤오미, 화웨이 등 민영 기업이 산업에 활기를 불어넣고 있다. 4차 산업혁명의 총아라는 인공지능, 빅데이터, 블록체인 등도 어느 나라보다 앞서 달려 나가고 있다. 그런데도 중국 경제가 혁신적이지 않다고?

샴보를 비롯한 많은 서방 학자들은 '아니다'라고 본다. 혁신이 아닌, 상업적 카피일 뿐이라는 지적이다. 일리 있는 주장이다. 우선 추진 주체를 봐야 한다. 인터넷 경제, 창업 등은 모두 리커창 총리가 주도하는 어젠다다. 그러나 리 총리의 경제 장악력은 지금 한계를 노출하고 있다. 시진핑 집권 2기로 접어들면서 민영 기업 활동에 국가의 개입이 늘어가는 것도 현실이다. 당의 개입이 성장동력에 부정적인 영향을 줄 수 있음은 분명해 보인다.

베이징 취재 때 만난 칭화대 A교수도 같은 생각이었다. 그는 이름만 대면 금방 알 수 있는 중국 학계의 대표적인 IT전문가로, 정책 수립에도 관여하고 있다. 그와의 인터뷰다.

– 정부의 개입이 정말 심한가?

"그렇다. IT업체들은 정부 눈치를 봐야 할 상황이다. 지금 자본의 해외 유출이 심한 것도 그 때문이다. 국가 통제가 심해지니 도망치는 것이다."

– 시진핑은 푸젠, 저장, 상하이 당서기 등 개혁개방 지역을 이끈 경험을 갖고 있다. 누구보다 경제를 잘 알지 않는가?

"그는 젊었을 때 문혁을 겪으면서 국가의 힘을 더 크게 경험했던 사람이다. 경제는 잘 모른다. 젊었을 때 체득한 게 평생을 좌우한다. 혁명가 집안에서 자란 공산주의자다."

– 경제에 어떤 영향을 줄 것으로 보는가?"

"지금 중국의 경제 상황은 다소 불안하다. 국유 기업은 힘이 빠져 있고, 성장을 주도했던 민영 기업들은 움츠리고 있다. 부자들은 돈을 해외로 빼낼 궁리만 하고 있다. 걱정할 만한 수준이다. 국가 개입은 민간의 역동성을 침해하고, 시장의 활력을 떨어뜨릴 뿐이다."

그렇다고 시진핑 시기의 중국 경제가 금방 큰 위기에 봉착할 것이라는 얘기는 아니다. A교수도 "경제의 탄력성이 떨어지고, 성장률 유지에 부담이 된다는 것일 뿐 서방 일부 전문가들이 주장하는 것처럼 경제가 금방 경착륙한다는 것은 아니다"라고 강조한다.

시진핑 체제가 경제에 미치는 악영향에도 불구하고 '강성 권위주의'

의 길을 걷는 이유는 무엇일까. 중국 정치를 연구하고 있는 이동률 동국대학 교수는 "내재적 자신감이 결여됐기 때문"이라고 진단한다. 중국은 겉으로는 강한 것 같지만 속으로 들어가 보면 빈부격차, 지역 간 성장 불균형, 부패, 민족 분규 등 다양한 문제들로 시달리고 있다. 당의 권력이 약해지면 자칫 걷잡을 수 없는 혼란으로 이어질 수 있다. 당 권력을 다시 거둬들여야 할 필요성이 대두된 것이다.

그러나 중국은 이미 탱크로 민주화운동을 탄압했던 1989년의 상황이 아니다. 국민들은 여권을 갖고 있어 해외여행이 자유롭고, 10억 인구가 인터넷으로 해외 소식을 접할 수 있다. 일반 국민들이 당의 탄압에 순응하는 듯 '위장된 행동'을 보이지만, 속으로는 다 안다. 다만 이기적 필요성을 감안해 침묵하고 있을 뿐이다. 정권 안정을 위한 선전활동 비용은 점점 더 높아진다.

정권의 관리가 먹혀들지 않을 때 그들이 선택할 수 있는 것은 더 엄격한 사회 통제뿐이다. 중국 역사가 마오쩌둥까지는 아니더라도 1989년 천안문 사태 직후에 보였던 신(新)전체주의 시기로 후퇴할 수 있다.

주변국에도 바람직하지 않은 일이다. 시진핑 체제의 대외정책은 패권적 성향을 보이면서 더 거칠어질 것으로 예상된다. 현 정치 상황은 중앙집권 체제의 강화를 시도했던 제국 시대 상황과 맞물린다. 강력한 중앙 권력을 통해 내적 통일성을 키우고, 그 힘으로 외부로 뻗어나가는 시기다. 제국의 꿈을 키울 때 황제의 힘은 강해진다. 이럴 경우 중국은 주변국에 대해 공세적인 움직임을 취하게 되고, 이는 아시아 전체의 긴장 수위를 높일 수 있다. 중국은 이미 남중국해, 양안(대만해협) 등에서 미국을 비롯한 관련국과 갈등을 빚고 있다. 한반도에서도 사드, 북핵 문제 등을 놓고 미국과 치열한 신경전을 벌이고 있다. 중국 전투기는 걸핏하면 한국 방공식별구역에 출몰한다.

중국은 주변국과의 경제 공생을 얘기하지만 바다에서, 하늘에서, 그리고 땅에서 근력을 자랑한다. 민족주의 성향을 보이고 있는 그들은 중국과 주변국의 관계를 전통적인 주종관계로 보려는 시각도 강해지고 있다. 그런 중국에 공격의 빌미라도 제공한다면 자칫 화를 당할 수도 있다. 시진핑은 주변국과의 운명 공동체를 주장하며 일대일로의 참여를 촉구하고 있지만 현실은 반대로 진행될 수 있다. 시진핑의 '강성 권위주의' 권력은 중국 내에서, 그리고 해외에서도 적지 않은 스트레스를 유발할 가능성이 높다.

중국은 파트너일 뿐, 친구가 될 수는 없다!

_시진핑 신시대, 중국과 함께 살아가는 방법

시진핑의 중국몽(中國夢)은 강군몽(强軍夢)으로 발전하고, 칼끝은 미국을 겨냥한다. 도널드 트럼프 미국 대통령은 '미국 우선(America First)'을 외치며 중국을 밀어붙이고 있다. 무역전쟁의 포문을 열었고, 남중국해와 대만해협에서는 군사적 긴장감이 감돈다.

이 파워 게임을 어떻게 읽어야 할 것인가? 이는 미·중의 세력 대결 속에서 우리는 어떤 포지션을 잡아야 하는지와 연결된 문제다.

3명의 전문가들을 만나보자. 중국 전문가 1명, 그리고 미국 전문가 2명. 그들의 서로 다른 시각을 통해 중국을 입체적으로 볼 수 있다.

우선, 중앙당교 국제전략연구원 부원장인 가오쭈구이(高祖貴) 교수. 그가 속해 있는 당교는 공산당 이데올로기의 본산이다. 그러기에 가오 교수의 발언은 중국 공산당이 뭘 생각하고 있는지를 가늠할 수 있게 해준다.

2017년 가을 열렸던 중국 공산당 19차 당대회가 끝난 지 1주일쯤 지났을 때 주한 중국대사관에서 전화가 왔다. '19차 당대회를 통해 본 중국의 외교정책 변화'를 주제로 강연이 있을 예정인데 참석할 수 있느냐는 것이었다. 강사가 바로 가오 교수였다. '중국이 전 세계 주요 외교 공관을 통해 당대회 선전에 나섰구나'라고 직감했다.

충분히 예상했던 내용이었다. 핵심은 '미국의 세력은 지고, 중국은 떨치고 일어난다'라는 것이다. 그는 세계 정세의 큰 흐름이 "미국 중심의 단극 세계에서 다극화, 블록화로 바뀌고 있다"고 진단했다. "미국뿐만 아니라 중국, 러시아, 독일, 인도 등의 지역 강국이 등장하고 있고, 이들 강국을 중심으로 지역 블록화가 진행되고 있다"는 설명이다. 가오 교수는 이 과정에서 '탈서구(Post-West)' 흐름이 나타나고 있다고 강조했다. 미국 모델이 힘을 다하고 있다는 지적이다.

가오 교수의 논지는 분명했다. 중국이 기존의 자유민주주의 체제와 견줄 수 있는 새로운 발전 모델, 즉 차이나 스탠더드를 만들어가고 있다는 것이다. 그는 "미국이 주도하는 세계는 막을 내리고 있고, 아시아에서는 중국이 지역 강국으로 등장하고 있다"고 강조했다. 그는 확신에 차 있었다. 강연에 막힘이 없었다. 시진핑이 제시한 '미국을 능가하는 중국의 굴기'에 흥분하고 있는 중국 지식인들의 모습을 보는 듯했다.

"중국은 정당한 권익을 절대 포기하지 않을 것이다. 그 어떤 이도 중국이 자신의 이익을 해치는 쓴 열매를 삼킬 것이라는 헛된 꿈을 버려야 한다."

'중국의 이익을 건드리는 자는 가만히 놔두지 않겠다'는 뜻이다. 시진핑 총서기의 19차 당대회 연설에 나온 것과 동일한 문구다. 힘이 세진 중국은 그런 위협적인 모습으로 우리 곁으로 다가오고 있다.

중국의 굴기를 보고 있는 서방 학자들의 생각은 어떨까?

이번에는 미국의 싱크탱크인 허드슨연구소 산하 중국전략센터의 마이클 필스버리(Michael Pillsbury) 소장을 만나보자. 리처드 닉슨부터 버락 오바마에 이르기까지 역대 미국 대통령들의 대중국 외교 전략을 자문했던 인물이다. 지금도 국방부 고문으로 일하고 있다.

"우리가 잘못 알았다. 몸을 낮추던 중국은 그들의 세(勢)가 상대를 능가한다고 판단하면 가차 없이 힘을 과시한다. 그들은 겉으로만 평화적인 척, 상대방을 존중해주는 척했을 뿐이다. 우리는 이제 그들과 힘겨운 싸움을 시작해야 한다."

필스버리는 《백년의 마라톤(The Hundred-Year Marathon)》이라는 책에서 이렇게 말했다. '중국에 속았다'는 반성의 고백이자, 앞으로는 절대 속지 않겠다는 맹세이기도 하다.

그는 "나를 포함한 서방 전문가들이 중국을 착각했다"고 말한다. 애초부터 틀린 가설을 갖고 중국에 접근했기 때문이다. 더 정확하게는 중국에 대한 미국의 막연한 낙관론이 중국을 키웠고, 머지않아 호되게 당하는 날이 올 수도 있다는 지적이다.

어떤 가설일까?

가설 1: 중국을 포용한다면 완벽한 협력이 가능할 것이다.

©구글

마이클 필스버리,
그리고 《백년의 마라톤》

현실: 아니다. 중국은 북한과 이란의 핵무기를 억제하는 데 아무런 도움이 되지 못했다.

가설 2: 중국이 민주주의 길을 걸을 것이다.

현실: 아니다. 서방과는 완연히 다른 중국 특유의 '권위적 자본주의'가 강화되고 있다.

가설 3 : 중국은 무너지기 쉬운 힘이다.

현실: 아니다. '중국 붕괴론'을 믿고 중국을 지원해준 게 오히려 부메랑이 돼 돌아오고 있다.

가설 4 : 중국은 미국처럼 되고 싶어 한다.

현실: 아니다. 미국의 오만일 뿐이다.

가설 5 : 중국의 강경파는 영향력이 미약하다.

현실: 아니다. 그들은 건재하며 자유주의 세력을 압도하고 있다.

한마디로 '미국이 원하는 대로 중국을 생각했고, 미국이 원하는 방향으로 중국이 따라올 것으로 기대하고 밀어줬지만 결과는 거꾸로였다'는 얘기다.

중국은 미국을 무너뜨리기 위해 속으로 힘을 키우고, 공작을 해왔다. 도광양회(韜光養晦)다. 시진핑 시기 들어 중국은 발톱을 드러냈다. 미국에 대해 머리를 꼿꼿이 들고, 얼굴을 마주보기 시작한 것이다. 앞에서 본 가오쭈구이 교수의 주장에서 확인했던 일이다.

필스버리는 "중국 싱크탱크들이 2009년 중반부터 '미국의 상대적 쇠락이 중국에 미치는 영향'을 논의하기 시작했다"고 말한다. 2008년 세계 금융위기가 자본주의의 본산인 미국에서 터진 직후다.

"중국의 애국적 학자와 정보기관들은 '백년의 마라톤'의 결승선을 예상보다 10년, 심지어 20년 정도 앞당길 수 있다고 기대하고 있다. 중국이 위안화 국제화를 추진하고, '위대한 중화민족의 부흥'을 주창하고, 일대일로 전략을 내거는 등 일련의 글로벌 공세가 그런 맥락이다."

시선을 아시아로 돌려보자. 중국은 미국과의 게임이 '마라톤'이라면, 아시아 국가들과의 경쟁은 '800m 달리기'쯤으로 생각할지도 모른다. 이미 경제적으로 일본을 제쳤으니 승리한 게임이라고 간주할 수도 있다. 군사력으로도 역내에서 중국을 위협할 나라는 없다. 중국은 스스로를 '아시아의 도덕 강국'으로 자리매김하고 싶어 한다. 중국을 중심으로 주종질서가 형성됐던 황제 시기를 꿈꾸고 있다. 그 질서 속에서 중국에 대드는 나라가 나오면 강력하게 응징한다. 사드 사태는 그 파편일 뿐이다.

자, 여기 또다른 미국 전문가가 있다. 그는 중국의 실력을 좀 더 냉철하게 봐야 한다고 주장한다. 미국의 국제정치 분석가인 이언 브레머

'중국이 이겼다.' TIME 커버

(Ian Bremmer)가 주인공이다. 《리더가 사라진 세계》, 《국가는 무엇을 해야 하는가》라는 책으로 우리나라에도 잘 알려진 인물이다.

브레머가 2017년 11월 미국의 시사주간지 〈타임(TIME)〉에 글을 썼다. '중국 경제는 어떻게 미래 승자가 될 것인가(How China's Economy Is Poised to Win the Future)'라는 제목이다. 커버에 'China won'과 이를 중국어로 번역한 '中国赢了'를 거꾸로 배치해 화제가 됐던 바로 그 칼럼이다(2017. 11. 2).

제목 그대로다. 그는 "미국과 중국 중 누가 지금의 영향력을 미래까지 이어갈 수 있을까?"라는 질문에 "당신이 만일 미국에 미래를 건다면, 그건 어리석은 일이다"라고 답한다. '중국'을 선택하는 게 더 현명할 것이라는 주장이다. 중국의 국가자본주의 체제가 서방의 자유민주주보다 더 효율적이라는 게 그의 시각이다.

브레머는 중국이 서방을 이길 수밖에 없는 5가지 이유가 있다고 했다. 하나하나 들어보자.

첫째, 중국은 세계에서 가장 강력한 지도자를 가졌다. 시진핑이다. 그는 지난 집권 5년 강력한 반부패 투쟁으로 인민의 마음을 얻었다. 마오쩌둥을 추월하는 영향력을 가졌다. 시진핑은 '표'를 걱정할 필요도 없다. 헌법을 수정해 마음만 먹으면 '종신 집권'도 할 수 있다. 미국이 가장 지지도 낮은 대통령을 갖고 있는 지금, 중국은 가장 강한 지도자를 가졌다.

둘째, 국가통제경제(state-controlled economy)의 위력이다. 중국의 경제 규모는 미국의 40%에 불과하지만 정부의 지침대로 움직이는 국유기업이 정책 수행에 힘을 실어주고 있다. 국가가 원하는 대로 자원을 집중할 수 있다. 국가 프로젝트인 일대일로를 통해 60여 개 주변 국가 경제에 각종 SOC 개발사업을 지원한다. 미국으로서는 꿈도 꿀 수 없는 일이다.

셋째, 일자리 안정이다. 중국은 기술의 발달, 그로 인한 실업이 사회를 얼마나 위험에 빠뜨리는지 잘 알고 있다. 중국도 일자리 상황은 항상 불안하다. 그러나 어느 다른 나라보다도 탄력적으로 대응할 수 있다. 공공 분야 일자리 창출로 이를 극복하고자 한다. 국가통제경제시스템이기에 가능한 얘기다.

넷째, 기술을 활용한 사회 관리다. 중국은 기술 수단을 동원해 국민들의 생활을 감시할 수 있다. 서방 기업들은 빅데이터를 이윤 추구에 활용하지만, 중국 기업들은 사회신용시스템에 활용한다. 서방은 이를 '빅 브라더' 사회라고 비난할 수 있겠지만, 중국은 사회 신용 제고를 범죄 예방의 한 수단으로 받아들인다.

다섯째, '중국 모델'이 다른 나라에서도 먹히고 있다는 점이다. 서방 자유민주주의가 문제를 노출하면서 중국식 발전 모델은 아시아, 아프리카 등에서 확산되고 있다. 다양화되고 있는 세계에 하나의 옵션이 될 수 있다. 물론 중국 시스템에 문제가 없는 것은 아니다. 그러나 분명한 것은 '중국의 국가자본주의 모델이 곧 한계에 직면할 것이라는 서방의 기존 가정은 포기해야 한다'는 점이다.

3인의 전문가들이 중국을 보는 시각과 입장은 각기 다르다. 그럼에도 공통되는 게 하나 있다. 바로 '중국이 정치적 · 경제적으로 굴기했다'라는 점이다. 중국 중앙당교의 가오 교수는 중국의 굴기를 확성기처럼 반복하고 있고, 보수 성향의 중국 전문가인 필스버리는 중국의 굴기에 위협을 느끼고 반격에 나서야 한다고 주장한다. 중국의 체제를 연구한 국제정치 전문가인 이언 브레머는 중국이 굴기할 수밖에 없는 근거를 제시하며 중국의 미래를 낙관하고 있다.

트럼프는 '필스버리 방식'을 선택한 듯 보인다. '더 이상 중국을 놔뒀다가는 미국을 밀쳐낼 것'이라는 위기감으로 반격에 나서고 있다. 2018년 3월 무역전쟁에서 시작된 트럼프의 공격은 금융, 더 나아가 군사 부문까지 이어질 수 있다.

3인의 전문가는 서로 다른 메시지를 한국에 보내는 듯싶다. 가오 교수는 '중화 질서로 들어오라'고 하고, 필스버리는 '중국 포위 전선에 합류하라'고 압박을 가한다. 이언 브레머는 좀 더 깊숙하게 중국을 연구할 것을 요구하고, 실리에 따라 길을 잡으라고 말하고 있다.

경계에 선 한국, 우리는 과연 어떤 포지션을 잡아야 하는가?

"중국은 우리의 파트너다. 친구는 아니다(China is our partner. It is not our friend)."

〈파이낸셜타임스〉의 유명 칼럼니스트인 마틴 울프(Martin Wolf)가 한 말이다(2017. 11. 1). 그는 "강력한 한 지도자(시진핑)가 통치하는 중국은 레닌식 독재 체제에서 강대국으로 성장하고 있다"며 "그러나 서방으로서는 중국과의 협력 외에는 다른 방법이 없다"고 말한다. 파트너가 되어야 할 이유다. 그렇다고 마음을 터놓고 얘기할 수 있는 친구는 아니다. 생각이 다르고, 의식구조가 다르기 때문이다. 울프는 "중국이 자국 모델 수출에 나서면서 서방과 중국 간 체제 경쟁이 벌어질 것"으로 예견했다. 이데올로기 전쟁이다. 거기에 '친구'가 끼어들 여지는 없다.

남의 얘기가 아니다. 마틴 울프의 지적은 우리에게도 적용된다.

중국은 우리의 정치와 경제, 안보 등의 모든 면에서 함께 협력해야 할 대상이다. 그들의 도움이 필요하다. 한반도 평화를 이뤄내고, 우리 기업들의 상품시장을 확보해야 한다. 김정은 북한 국무위원장과 한반도 평화를 얘기하고 있지만 중국의 협력과 지원은 필수불가결한 요소다. 주변 지역의 정세 안정이 필요한 중국 역시 우리와의 협력이 절실하다. 그런 점에서 파트너다.

그렇다고 '친구하자'라고 나설 수는 없는 일이다. 우리는 사드 사태를 지나며 중국이 분명 우리와는 다르다는 걸 확인했다. 그들은 함께 가치를 공유하며 지내는 친구가 아닌, 그냥 쿨하게 협력해야 할 파트너일 뿐이다. 억지로 친구하자고 달려든다면 부작용만 발생한다. 상대는 쿨하게 나오고 있는데 괜히 우리만 몸이 달아 달려든다면, 그렇게 해서 나온 정책은 패착이 되기 쉽다.

'쿨한 파트너' 중국과의 경쟁에서 이길 수 있는 방법은 뭘까?

마틴 울프의 얘기를 다시 들어보자.

"서방은 2가지 도전에 직면할 것이다. 첫째, 중국과 척지지 않는 관계를 유지하면서도 어떻게 경제적, 기술적 우위를 유지하느냐에 있다. 둘째, 민주주의 가치를 부활시키고, 역동적이고 포용적인 경제시스템을 회복할 수 있느냐의 문제다."

중국에 대한 기술 우위를 유지할 수 있느냐, 역동적인 시장경제시스템을 회복할 수 있느냐, 정치 개혁을 단행할 수 있느냐 등에 서방의 미래가 달려 있다는 얘기다. 우리에게 던지는 충고이기도 하다.

이러다 한국 외교 '찬밥' 된다
_정책 라인에 중국통이 없다

'일본통이 동북아국장 독점, 우리 외교 모두 망쳐'

헤드라인은 그렇게 뽑혀 있었다. 한 신문이 "동남아 지역 국가의 A 대사가 외교부 내부망에 올린 글"이라며 전한 내용이다(한국일보, 2017. 9. 12).

보도 속 A대사의 글을 정리하면 이렇다.

"한중 수교 25년간 동북아국장을 지낸 중국 전문가는 2명뿐이다. 한일 간 민감한 현안들을 감안하더라도 한중 관계의 비중을 고려했을 때 그 누구도 이해하지 못할 것이다. 한두 번 중국 업무를 해보고 중국 전문가인 척하고, 또 그것이 팔리는 현실이 계속되고 있다. 그것이 우리의 대중(對中) 외교, 나아가 우리 외교를 모두 망친다."

이 신문은 “외교부의 주요 보직으로 꼽히는 동북아국장을 저팬 스쿨(일본라인)이 사실상 독점해온 폐단에 대해 노골적으로 반박한 것”이라고 분석했다. 내용은 팩트였다. 당시 외교부 관계자는 “A대사의 발언을 포함한 인적 구성 활용 방안에 대해 내부 토론을 벌였다”고 확인했다. 그러나 바뀐 건 없다. 외교부에서는 ‘다음 동북아국장 역시 저팬 스쿨에 돌아갈 것’이라고 당연시하는 분위기가 역력하다. 실제로 또 그랬다.

이 보도는 대(對)중국 외교의 현실을 돌아보게 한다.

언제부턴가 주중 한국 대사와 주상하이 총영사는 ‘정치 자리’로 변했다. 소위 말하는 캠프 출신 인사 중에서 예우를 해줘야 할 인물 또는 측근이라는 사람들로 채워졌다. 대사가 바뀔 때마다 새로 지명된 중국 대사가 과연 중국에 대해 어느 정도 고민해왔던 인물인지 의아스럽다는 반응이 나오곤 한다. 상하이 총영사도 대통령 만들기에 공이 있는 캠프 출신 인사로 채워진다.

중국 대사, 상하이 총영사는 그래도 되는 자리인가? 2, 3년 폼만 잡다 오는 곳인가?

대통령 측근으로 대사를 보내면 해당 국가를 중시한다는 메시지를 준다는 기대 효과가 있다. 그러나 전문가들은 “중국은 그런 게 잘 통하지 않는다”라고 말한다. 그들의 콘셉트 속에는 ‘주석 측근이라고 해서 주요국 대사에 임명한다’는 논리가 아예 없다는 얘기다. ‘해당국 사정에 얼마나 밝은 인물인가’를 볼 뿐이다. 이제까지 주석과 친해 한국에 온 중국 대사는 없었다.

그렇게 간 자리는 대사 당사자에게도 불편하기만 하다. 중국도 모르고, 특별히 아는 중국인도 없고, 중국 말도 통하지 않으니 '골방 신세'를 면하기 어렵다.

주중 대사를 생각하면 떠오르는 기억이 하나 있다. 한중 교류 프로그램 참석차 베이징을 방문했을 때 일이다. 행사 당일 주중 대사가 만찬을 낸다고 했다. 정치인(국회의원), 교수, 기업인, 기자 등 15명 정도가 준비된 소형 버스를 타고 싼리툰(三里屯) 대사관저로 갔다.

형식적인 인사말과 참석자 소개가 끝나는가 싶더니 대화는 이내 국내 정치 얘기로 흘렀다. 곧 있을 원내대표 선거가 어떻게 진행되고, 누가 어느 자리로 옮기고, 지금 당대표는 이런 게 부족하고 등등의 얘기가 끝없이 흘렀다. 백주(白酒)가 곁들여지면서 웃음이 많아지고, 목소리가 커지는 듯싶었다. 만찬은 그렇게 2시간 정도 진행됐다.

호텔로 돌아오는 버스에서 이런 생각이 들었다.

'주중 대사라는 사람이 오피니언 리더라고 할 만한 사람들을 불러놓고 할 얘기가 고작 국내 정치 뒷담화밖에 없는가? 이런 기회에 중국 정치 동향, 경제 흐름 등을 얘기해야 하는 것 아닌가? 거물급 정치인도 있었는데, 국내 협조를 구할 수 있는 좋은 기회 아닌가? 아니, 최소한 배석하고 있는 정무공사, 경제공사에게 브리핑이라도 하도록 준비할 수는 없었을까….'

답답했다. 그걸 그냥 듣고만 있었던 나 자신에게도 화가 났다. 물론 중국 얘기가 없었던 건 아니다. 그러나 기억에 남는 말이라고는 '만나기 어려운 어느 중국 고관과 만났다'는 것뿐이었다. '나 대단하지?'라는 정도로밖엔 안 들렸다. 동행했던 국회의원들에게 자신의 존재를 부

각시키려 안간힘을 쓰는 모습으로 비쳤다. 정치인 출신이었던 그 대사는 국내에서 하던 정치 행태를 주중 대사 자리에서 그대로 반복하고 있었다.

베이징에서 근무했던 한 외교관은 필자의 '공관 기억'을 듣고는 이렇게 말했다.

"보좌진이 써주는 원고만 읽고, 상대와 밥을 먹어도 통역을 끼고 먹어야 하고, 그러니 외교활동에 한계가 있는 겁니다. 점점 서울에서 온 사람이나 만나게 됩니다. 사실상 '식물 대사'가 되는 겁니다. 그 역시 잘못된 세팅에 던져진 불행한 사람인 거죠. 그러는 사이에 한중 외교는 망가지고 있습니다."

'한중 관계 엄중 시기에 외교안보 라인 중국통 패싱 심각'이라는 제목의 또 다른 한 언론 보도(세계일보, 2017. 9. 13)를 보자. 외교정책 라인에 중국통이 철저히 외면되고 있음을 지적한 기사다. 간단히 정리하자면 이렇다.

"컨트롤타워인 청와대 국가안보실 지휘부에 중국통이 전무하다. 정의용 실장은 외무부 통상국장, 통상교섭조정관, 주제네바 대사를 역임한 다자·통상통이다. 이상철 제1차장은 육군 준장 출신으로 안보·남북 문제 전문가다. 남관표 2차장은 외교통상부 정책기획국장과 주헝가리 대사, 서울시·부산시 국제관계대사, 주스웨덴 대사를 지냈다. 신재현 청와대 외교정책비서관은 외교부 북미국장과 주샌프란시스코 총영사를 역임한 미국통, 외교부 아프리카 중동국장과 아프리카 중동담당대표를 지낸 권희석 청와대 안보전략비서관은 아프리카 중동 전문가로 분류된다.

외교부도 크게 다르지 않다. 강경화 장관은 유엔에서 외교 경험을 축적했다. 조현 제2차관은 외교통상부 다자통상국 심의관, 국제경제국장, 주오스트리아·인도 대사를 역임한 다자·통상통으로 분류된다. 임성남 제1차관 정도가 2009년 7월~2011년 10월 주중대사관 공사로 중국 근무 인연을 갖고 있을 뿐이다."

우리는 중국이 중요하다고 입버릇처럼 얘기하고 있지만, 이렇듯 정책 라인에 중국의 입장을 고려할 전문가들은 없다. 그러니 중국의 속내를 읽을 수 없는 것이고, 내놓는 정책마다 헛발질이다.

사드 사태를 역추적해보면 우리 외교가 얼마나 허술했는지 땅을 치게 하는 장면이 여럿 있다. 그중 하나.

정부가 사드 배치를 공식화하고 이를 발표한 건 2016년 7월 13일이었다. 근데 시간이 묘했다. 그날은 헤이그 국제상설중재재판소가 남중

ⓒ중앙일보

우리는 사드 사태를 통해 중국의 민낯을 봤다.
그런 한편으로는 그 진행 과정에서 한국 외교의 미숙함에 실망하기도 했다.

국해 분쟁에 관한 필리핀의 승소를 결정한 바로 이튿날이었다. 중국 외교의 대참패였다. 중국이 큰 펀치를 맞아 비틀거리고 있을 때 우리가 보기 좋게 사드로 두 번째 펀치를 날린 격이었다. 중국에서 '한국에 뒤통수를 맞았다'는 말이 나오는 건 당연했다.

물론 며칠 더 연기해 발표했다고 해서 중국이 사드에 대한 입장을 바꾸었을 것으로 보지는 않는다. 다만 '그들(한국)이 우리(중국)의 뒤통수를 쳤다'라는 생각은 주지 않을 수도 있었다. 중국이 강경한 입장을 견지한 데에는 '뒤통수 감정'이 깔려 있다는 게 필자 생각이다. 그런 상황을 막으라고 외교부가 있는 것 아닌가? 혹 '우리가 우리 안보를 위해 하겠다는데 중국이 왜 참견이야'라는 식이라면 그건 외교 하수 중의 하수나 할 법한 생각이다.

그럴 만한 사람이 없어서인가? 아니다. 외교부에도 분명 면면으로 볼 때 중국통이라고 할 만한 멋진 외교관이 적지 않다. 다만 키우지 않을 뿐이다. 전통적으로 미국이나 일본은 외교관들의 선망 포스트다. 실력 있는 직원이 뽑혀갔고, 또 그들이 성장해 실력 있는 후배를 끌어갔다. 그렇게 아메리칸 스쿨, 저팬 스쿨이 형성된다.

그러나 1992년 수교한 중국은 그런 맥이 형성되어 있지 못하다. 수교 초기였던 1994년 중국 어학연수를 다녀온 차이나 스쿨의 '형님'뻘 되는 한 외교관은 엘리트라는 평가를 받고 있다. 그런 그도 동북아국장은 하지 못했다. 최근까지 주중대사관의 정무공사로 일했던 그는 중국 아닌 미국 어느 도시의 총영사로 발령받았다. 바른말 했다고 미운털이 박히면 아무리 뛰어난 중국 전문 외교관이라도 하루아침에 대기발령을 낸다. 인재가 있어도 안 쓴다. 그러니 특정 스쿨이 우리 외교 다 말아먹는다는 말이 나오는 것이다.

이대로 좋은가? 한반도를 둘러싼 정세는 급변하고 있고, 중국의 기세는 날로 거세지고 있는데, 언제까지 우리는 갖고 있는 자원마저 무시할 것인가?

경제 분야는 더 심각하다. 트럼프 미국 대통령이 미중 무역전쟁을 통해 얻어내려고 하는 것은 글로벌 밸류 체인(GVC)에서 중국을 쫓아내려는 것이다. 우리 수출의 32%를 중국(홍콩포함)에 의존하고 있는 실정이기에, 이 문제는 우리 밥그릇과 직결되는 사안이다. 세계 최대 경제 대국인 미국과 중국이 벌이는 전쟁에서 자칫 잘못된 포지션을 취한다면 '중국 발 경제위기'를 맞을 수도 있다. 우리는 과연 이런 판도를 읽어낼 수 있는 경제통 외교관을 키우고 있는 것인가? 대중 외교 전선에 이 판도를 읽어낼 수 있는 경제통 외교관이 우리에게 있는 것인가?

미국과 일본, 그리고 중국에서도 일했던 한 전직 외교관은 이렇게 말한다.

"한솥밥 먹은 사람을 챙기는 게 인지상정이라는 거 압니다. 그러나 그게 다는 아닙니다. 좀 더 멀리 봐야 한다면 중국통을 정책적으로라도 키워야 합니다. 엘리트 외교관들이 중국의 문을 두드리게 하고, 그들의 아이디어가 정책에 반영될 수 있도록 시스템을 만들어야 합니다. 그게 고착된 한중 관계를 풀고 새로운 협력관계를 만들어가는 시작입니다."

"한국 기술, 이러다 중국에 밟힌다"
_중국의 선발자(First Mover)행보

후발자 이득(Late Mover's Advantage). 기술 발전 단계에서 후발 국가가 오히려 이점을 누릴 수 있음을 설명하는 용어다. 앞선 나라가 개발해 놓은 기술을 큰 투자비 없이 받아쓸 수 있으니 이득이다. 기술 개발 실패에 따른 기회비용도 줄일 수 있다. 우리가 후발자의 모범생이다. 일본에서 기술을 받아들여 부지런히 따라갔고, 일부 영역에서는 따라잡기도 했다.

중국도 마찬가지다. 1978년 개혁개방 이후 한국이나 일본, 대만의 기술을 열심히 카피하더니 지금은 독일, 미국을 기웃거리고 있다. 지난 40년 개혁개방의 성공은 그 후발자 이득에서 기인한 것이라고 해도 틀리지 않는다.

그런데 이 후발자들이 가끔 '반란'을 꾀하는 경우가 있다. 학습이나 카피에서 벗어나 스스로 기술 개발에 나선다. 조선은 유럽, 일본을 거쳐 한국으로 오더니 이제는 그 순위가 거꾸로 바뀌었다. 한국-일본-유럽 순이다. 한국의 화려한 반격이다. 반도체도 그랬고, 철강도 그랬다. 기술 선도국이라고 자만했다간 잡힌다. 잠깐 한눈팔면 죽는다. 선발자(First Mover)의 숙명이다.

중국도 다를 리 없다. 그들의 반격은 지금 진행 중이다. 오히려 우리보다 더 광범위한 영역에서 더 강력하게 선발 국가들을 위협하고 있다.

은종학 국민대 중국학부 교수는 기술발전 단계를 연구하는 학자다. 중국이 어떻게 선진국 기술을 따라잡았는지가 그의 관심 영역이다. 그가 말하는 '중국의 반격'을 들어보자.

"중국 GDP에서 R&D 투자가 차지하는 비중은 2006년 1.39%에서 2011년 1.84%로 늘었고, 2013년에는 처음으로 2%를 돌파하며 2.09%까지 치솟았다. 2017년에는 2.11%였다. R&D 투자 비중이 GDP의 2% 이상이면 지식기반 사회로 인정된다."

중국은 빠르게 지식기반 사회로 진입하고 있다는 게 은 교수의 설명이다. 실제로 그랬다. 중국에서 '자주창신(自主創新)'이라는 말이 유행하기 시작한 게 2006년쯤이다. '시장 줄게 기술 다오(以市場換技術)'이라는 기술 습득 전략에 한계가 있다는 걸 깨닫고 자주 기술 개발에 본격 나서게 된다. 지금 세계 최고 수준으로 발전한 고속철도 기술, 항공기 업계를 놀라게 한 중국산 항공기(모델 명 C919) 개발이 시작된 게 바로 그때다. 가전, 조선, IT, 자동차 등으로 자주창신의 열기가 번져갔다. 게다가 중국은 국가가 나서서 자원을 결집시킬 수 있기 때문에 기술 추격에 가속도가 붙는다.

우리도 R&D 투자에 관해선 최고 수준의 나라다. 2016년 4.24%였다. 그러나 절대 규모로 보면 얘기는 달라진다. 중국의 2017년 기준 GDP가 약 12조 달러(IMF 통계)다. 우리는 약 1조 5,300억 달러. 국가 R&D 역량의 급이 다르다.

그래서였던가. 주력 산업 분야에서 중국은 우리의 후발자가 아닌 경쟁자로 바뀌었다. 가전, 철강, 조선, 석유화학, 이제는 자동차도 그 경계에 놓였다. 물론 기술 그 자체로 보면 우리가 중국보다 한발 더 앞섰다고 할 수 있겠다. 그런데 시장이라는 요소가 개입되다 보니 중국의 반격은 우리에게 더 큰 '충격'으로 다가온다. 자국의 거대 시장에서 맷집을 키운 중국 기업들이 기술 수준을 높이더니, 세계 시장에서 경쟁자로 달려드는 형국이다. 지금 스마트폰 시장에서 벌어지고 있는 일이다. 한국과 중국은 인도 스마트폰 시장을 놓고 치열한 쟁탈전을 벌이고 있다.

우리는 중국의 기술 반격을 몰랐다. 아니 더 정확한 표현으로는 알고는 있었지만 외면했다. 학계 중국 기술 추격의 또 다른 전문가인 이근 서울대 교수의 얘기를 들어보자. 필자의 취재수첩에 기록된 내용은 이렇다.

"한국은 그 동안 미국과 일본을 추격해왔다. 어느 정도 경쟁력을 갖추고 나니 '선발자의 함정'에 빠졌다. 자기의 기술과 상품이 최고라고 여기며 새로운 것을 무시한다. 이는 후발자에게 기회다. 우리가 '메이드 인 차이나(Made in China)' 제품을 무시할 때 후발자는 한발한발 한

©이매진차이나

'대륙의 실수'라는 신조어를 만든 샤오미 제품. 충전기, 이어폰 등 핸드폰 주변기기에서 시작된 '실수'는 공기청정기, TV 등으로 확산되고 있다. 샤오미 브랜드의 자동차가 나올 날도 멀지 않았다.

국을 추격하고 있었다. 이게 추격 사이클이 돌아가는 기초가 된다."

이 교수가 2014년 한 세미나에서 발표했던 내용이다. 그때는 중국이 가장 맹렬하게 한국 제품을 시장에서 밀어낸 시기다. 조선이 그때 잡혔고, 석유화학, IT기기 등 여러 분야가 중국의 추격에 직면해야 했다.

그 결과는 어떤가. 은종학 교수는 '역(逆)모방(reverse imitation)'이라는 말로 이를 설명한다.

"언론 용어로 '대륙의 실수'라는 말이 있다. 중국이 만들었는데 '실수'로 잘 만들었다는 걸 두고 나온 말이다. 샤오미 배터리, 차이슨 무선 진공청소기 등 가성비가 높은 제품이 '실수 제품'으로 꼽힌다. 그런데 한국 기업들이 이를 모방하기 시작했다. 중국이 한국을 모방하는 게 아니라 거꾸로 한국이 중국을 따라 한다. 심지어 중국 제품인 양 스스로를 포장하려는 한국 기업도 있다. 역모방이다."

짝퉁하면 중국, 중국하면 짝퉁의 본산 아니었던가? 그런데 거꾸로 됐다. 물론 일부 품목에서 나타나는 현상이지만 엄연한 현실이다. 자, 그런데 '짝퉁'이니 '카피'니 '실수'니 하는 말과는 전혀 다른 차원의 일이 지금 이른바 제4차 산업혁명 분야에서 벌어지고 있다.

이곳에서 중국은 후발자가 아니다. 미국이나 일본이나 한국이나 중국이나, 모두 같은 스타트라인에 있다. 차이가 없다고는 할 수 없겠지만 전통 산업에서처럼 현격한 수준 차이는 없다. 하기에 따라서는 누구든 선두 주자가 될 수 있는 영역이다.

제4차 산업혁명의 핵심은 AI이고, AI의 기반은 빅데이터다. 그리고 AI를 구현할 수 있는 기술은 로봇에 있다. 로봇을 움직이는 건 사물인터넷(IoT)이다. 빅데이터, AI, 로봇, IoT… 이 분야에서 중국 기술은 어느 정도일까?

4차 산업혁명의 핵심기술인 AI 관련 논문의 경우 2017년 세계 발표 건수는 약 1만 4,460편이었다. 이중 5,050편이 '중국 제품'이었다. 2등은 2,097건을 기록한 미국으로 중국의 절반에도 못 미쳤다. 우리는 427편으로 13위에 그쳤다. 스페인(765편)이나 이란(670편) 등에도 뒤지는 수준이다.

물론 논문 수가 많다고 꼭 산업경쟁력이 뛰어난 것은 아니다. 다만 잠재력을 지녔다는 점은 부인할 수 없다. 중국은 제4차 산업혁명 영역에서 분명 우리보다 앞서 달리고 있다. 검색만 해봐도 관련 기사가 쏟아진다. 실제로 중국 각지를 취재하다 보면 4차 산업혁명 분야에서 중국이 앞서가고 있음을 목격하게 된다.

제조업 시대에는 분업과 협업이 가능했다. 중국은 임가공 완제품을 만들고, 한국은 고부가 중간재를 만드는 식이다. 중국의 수출이 증가하고 경제가 성장하면, 한국의 대 중국 수출도 늘어났고 중국 성장의 혜택을 함께 누렸다. 그러나 제4차 산업혁명의 영역은 그렇지 않다. 선발자가 독식하는 구조다. 선발자와 후발자가 협력할 공간도, 이유도 없다. 그나마 제조업 시대에는 한국이 기술을 선도할 수 있었기에 '우세적' 분업이 가능했다. 4차 산업혁명 경쟁에서는 우리가 앞서면 다 먹는 것이요, 뒤지면 말 그대로 '국물'도 없다. 한 번 뒤지면 뒤엎기도 힘들다. 선발자가 만들어 놓은 표준을 따라가야 할 처지로 전락할 뿐이다.

제4차 산업혁명 분야도 그렇고, 차세대 5G통신도 그렇고 모두 표준과 관련된 것이다. 먼저 치고 나가는 나라, 기업이 표준을 이끌게 된다. 빅데이터, AI, IoT, 5G… 제조의 시대는 후발자였지만, 제4차 산업혁명의 시대에는 선발자(First Mover)가 되겠다는 게 중국의 포부다. 미국 트럼프 대통령이 무역전쟁을 일으키며 중국을 몰아세우는 뒷면에는 이 표준전쟁이 있다. '더 이상 나뒀다가는 중국에 밟힐 것'이라는 위기감이다.

우리가 규제의 함정에 허덕일 때, 우리 경제가 정치 프레임의 틀에 갇혀 있을 때 중국은 국가와 기업이 똘똘 뭉쳐 제4차 산업혁명 영역을 개척해가고 있다. 우리는 이 분야에서 중국의 후발자가 될지도 모른다. 그 경쟁에서 뒤질 때 우리는 자칫 중국에 자존심을 지킬 수 없게 될지도 모른다. 이래도 되는 것인가? 기술 우위 없는 한중관계는 공허하고, 위험할 뿐이다.

웃으면서 곡할 줄 알아야…
_전략적 유연성, 대륙의 힘에 맞서는 길

최명길이 말했다.

"상헌의 답답함이 저러하옵니다. 군신이 함께 피를 흘리더라도 적게 흘리는 편이 이로울 터인데, 의(義)를 세운다고 이(利)를 버려야 하는 것이겠습니까?"

김상헌이 말했다.

"명길의 말은 의도 아니고 이도 아니옵니다. 명길은 울면서 노래하고 웃으면서 곡하려는 자이옵니다."

최명길이 또 입을 열었다.

"웃으면서 곡을 할 줄 알아야…."

김훈의 장편소설 《남한산성》의 한 대목이다. 대륙에서 불어오는 바람은 매서웠고, 신하들은 산성으로 쫓겨가서도 그렇게 서로의 틀 속에 갇혀 있었다.

임진왜란도, 병자호란도, 불과 100여 년 전의 청일전쟁도 그랬다. 이 땅에서 벌어진 전란은 여지없이 주변에서 세력 전이(power shift)가 발생할 때 터졌다. 역사학자 한명기 교수가 지적한 것처럼 '복배수적(腹背受敵. 배와 등에서 적을 맞이함)의 지정학적 숙명'이다.

그 역사는 되풀이될 것인가? 우리의 사고를 짓누르고 있는 역사의 무게는 무겁기만 하다.

다시 대륙을 본다.

시진핑은 드디어 '황제'의 자리를 예약해두었다. 2018년 3월, 전인대(의회)에서 2년 연임으로 주석의 임기를 제한했던 헌법 규정을 폐지함으로써 장기 집권을 위한 포석을 마쳤다. '시(習) 황제'의 등장이라는 언론 분석이 나오는 건 당연했다.

'3선 개헌'이 시진핑 측근의 독단으로 하루아침에 이뤄진 일은 아닐 터다. 정치 전문가들은 "중국의 정치 구조로 볼 때 1년 이상 물밑에서 공작을 폈을 것"이라고 말한다. 권력 정파 간 오랜 토론과 설득 또는 경쟁을 통해 "그래, 시진핑에게 권력을 몰아주자. 그게 우리의 살길이다"라는 결론을 내렸기에 '집권 연장'이 가능했을 것이라는 얘기다.

그렇다면 대체 무엇이 '시진핑 총서기에게 힘을 몰아줘야 한다'라는 결정을 내리게 한 것일까?

필자는 위기감이라고 본다. 지금 당으로 권력을 집중시키지 않으면 당이 존립의 위기에 빠질 수도 있다는 위기감 말이다. 중국은 공산당이 국가의 모든 기구를 장악한 당-국가 시스템의 나라다. 당이 흔들리면 국가가 위기에 직면할 수 있다. 당은 겉으로 보기에 강해 보인다. 그러나 중국 사회 내부에는 집권 세력의 부패에 대한 분노, 국유 기업의 비효율로 인한 좌절감, 소득격차 심화로 인한 상실감 등이 팽배해 있다. 여기에 인터넷이라는 새로운 커뮤니케이션 수단이 등장하면서 당의 부패는 쉽게 폭로되고 회자된다.

이런 상황에서 과연 시진핑이 내건 중국몽을 실현할 수 있을까? 2050년 미국을 능가하는 강국으로 부상하겠다는 당의 웅대한 비전을 이룰 수 있을까?

'아니다. 이대로는 아니다. 좀 더 강력한 중앙 권력이 있어야 하겠다'는 지도층의 인식이 결국 시진핑의 집권 연장으로 이어졌을 것이다. 그렇다면 이제 우리는 시진핑의 사고를 이해해야 한다. 핵심 지도자들의 머리에 무엇이 들었는지를 말이다.

'위대한 중화민족의 부흥'이라는 말은 전혀 새로운 게 아니다. 중국 지식인들이 지난 100년 이상 품어왔던 테제였다. 세계 2위 경제 대국으로 올라선 지금 분출되고 있을 뿐이다.

1949년 중화인민공화국 건국 후 여러 지도자가 등장했고, 그들은 서로 다른 정책 구호를 내걸었다. 마오쩌둥은 계급투쟁을 통한 사회주의 국가 건설에 집요하게 매달렸고, 덩샤오핑은 사회주의 시장경제를 설파했다. 장쩌민은 '3개 대표(三個代表)', 후진타오는 '과학발전관(科學發展觀)'을 지도노선으로 제시했다. 서로 다른 정치 슬로건이지만 그 맥락은 쑨원(孫文)이나 후스(胡適), 차이위안페이(蔡元培) 등 근대 사상

ⓒ중앙일보

시진핑 주석의 '중국몽'은 '강국몽'으로 발전하고, '강군몽'으로 확대된다. 그들의 사고에서 중화 DNA가 꿈틀거리고 있다. 대륙의 찬바람에 맞설 유연한 전략이 요구된다.

가들과 연결된다. 그 사상사를 간단히 보자.

1840년 터진 아편전쟁에서 청(淸)제국이 서방 제국주의 세력에 무릎을 꿇는 것을 보고 중국 지식인들은 좌절에 빠졌다. 외세의 침탈로 유린된 나라를 어떻게 살릴 것인가? 어떻게 하면 중화민족의 위대함을 다시 회복할 수 있을까? 지식인들은 고민했다. 청나라 신하였던 캉유웨이(康有爲)는 '입헌(立憲)'을 주장했고, 쑨원은 삼민주의(三民主義)의 기치를 들고 만주족 정부 타도를 선언했다. 차이위안페이는 〈신청년〉 잡지를 통해 신문화운동을 제창했고, 후스는 미국식 실용주의(pragmatism)를 말했다. 공산주의 사상도 흘러들었다. 천두슈(陳獨秀), 리다자오(李大釗) 등이 마르크스주의를 전파했다.

쑨원, 차이위안페이, 후스, 천두슈, 마오쩌둥…. 그들의 주장은 달랐지만 목표는 하나, '중화민족의 부흥'이었다. 그 흐름이 마오쩌둥에 이어 덩샤오핑, 장쩌민, 후진타오, 그리고 시진핑까지 연결되고 있는 것이다.

시진핑은 쑨원에서 시작된 '중화민족의 부흥'이라는 목표 달성이 머지않았다고 믿고 있을 것이다. 객관적 사실이 그렇다는 얘기가 아니다. 그가 그렇게 믿고 있다는 게 중요할 뿐이다. '2050년 미국을 능가하는 현대 강국으로 올라서겠다'는 국가 비전은 중국 지도자들에게 앞으로도 신앙처럼 받들어질 것이다.

최근까지만 해도 중화제국의 유산은 고리타분한 과거 악습으로 치부되었다. 그러나 이제 부활의 조짐을 보인다. 제국을 운영했던 경험과 유교적 세계관은 중화인민공화국이라는 새로운 제국의 미래를 여는 자산으로 바뀌고 있다. 전통적인 제국의 운영 방식, 즉 중화 질서가 현대적으로 재구성되고 있는 것이다. 사드는 그 흐름의 한 파편이었다. '감히 사대 조공을 하던 나라가 중화 질서를 거부하고 종주국에 덤벼?'라는 인식이 밑바탕에 깔려 있다. 그들의 사고 속 중국은 여전히 '중심의 국가(中國)'이고, 주변국은 오랑캐 속국이다.

이번에는 일반 국민들로 시선을 돌려보자. 시진핑의 지나친 권력 집중에 국민들이 반발할 거라고? 노(No). 많은 중국인들을 인터뷰한 뒤 필자가 내린 결론은 '중국인들 대다수는 시진핑 독주를 묵인하고 있다'는 것이다. 그들이 시진핑의 선전에 속았을 수도 있고, 개혁개방의 수혜 덕에 스스로를 기득권층으로 인식할 수도 있다. 어쨌든 그들은 중국이 더 강해지고, 내가 더 잘살게 된다면 독재에는 눈을 감을 수 있다는 생각이다. 오히려 지금보다 자유주의 사조가 짙었던 후진타오 시대를 '부패가 만연했던 잃어버린 10년'이라고 본다. 시진핑을 비난하는 목소리가 있다면, 그건 기득권을 잃은 관료 집단이거나 그 아류일 가능성이 크다. 그들도 시진핑의 독주는 막지 못할 것이다.

오늘의 지식인들을 보자. 많은 중국 지식인들은 '중국의 힘은 강성해지고 있는 데 반해 서방(미국)은 하향길로 접어들었다'라고 생각하고 있다. 우리는 앞에서 언급한 가오쭈구이 당교 교수를 통해 이 같은 중국 지식인들의 사고를 엿봤다. 그들은 '2050년 미국을 능가하는 강국이 될 것'이라는 말을 거부감 없이 당연하게 받아들인다. 그들의 아이디어는 대외정책에 그대로 표출된다. 중국은 이미 스스로를 '신형 대국'으로 규정하고 있다. 미국에 대해 "태평양 저쪽은 너네들이 관리해라, 이쪽은 우리가 할 테니"라고 말한다. 아시아의 패권을 넘기라는 얘기다.

역사학자 전인갑 서강대 교수는 "놀랄 일이 아니다"라고 말한다. 중국이라는 역사체는 과거 패턴을 끊임없이 반복하기 때문이다. 오히려 그들의 '제국몽'이 어떻게 현대에 구현되는지를 연구해야 한다는 게 전 교수의 주장이다.

중국이 패권을 향해 나아가는 시기, 제국의 중앙 권력은 국내외 모두에 질서를 강요했다. 안으로는 지방 문중의 족보를 관리하듯 엄격하게 사회를 통제했고, 대외적으로는 주변국에 종주국-속방의 질서를 강요했다. 국내에서는 복종을, 주변국에는 종속을 요구한다. 중국의 이웃나라들은 이 질서에 편입될 것이냐, 아니면 싸울 것이냐의 선택을 강요받는다. 시진핑의 '황제 권력'이 그 역사의 반복은 아닌지, 주변국은 지금 긴장하고 있다.

전 교수는 "역사 속 중국 제국이 강성할 시기, 패권 경쟁은 2가지 측면에서 동시에 이뤄졌다"고 분석한다. 하나는 종주국과 속방의 주종관계요, 다른 하나는 또 다른 패권과의 양립관계다. 그중 주종관계는 '사대자소(事大字小)'가 기본이다. 속국은 중국을 섬기고, 중국은 속국을 보살피는 구조다. 영역 안으로 들어온 나라에는 한껏 관대하지만, 이를 거부하는 나라는 거칠게 몰아붙인다.

또 다른 형태인 '패권 세력과의 양립관계'는 이와 다르다. 자신의 패권 밖에 있는 또 패권국과는 전혀 다른 관계를 모색한다. 중국역사에는 비굴하다 할 정도로 공물을 바치고, 여자를 바친 기록이 수두룩하다. 한나라 때 흉노와의 관계가 그랬고, 당나라 때 돌궐과의 관계가 또 그랬다.

지금도 다르지 않을 것이다. 중국은 아시아 주변국에 대해서는 종주국처럼 영향력을 행사하겠지만, 저 멀리에 있는 또 다른 패권국인 미국에 대해서는 눈치를 보고 공존을 주장한다. 미국 보잉의 항공기를 대량으로 사주는 등 선심 공세도 편다. 미국 제품을 더 사주겠다는 식으로 트럼프의 무역전쟁 공세를 피하려 한다. 영향권에 있는 나라에는 줄을 세우면서도, 그 밖에 있는 강국에는 한없이 약한 모습을 보이는 이중성이다.

중국이 패권을 향해 달려가는 과정에서 빚어질 격렬한 미·중 패권 경쟁은 우리에게 선택을 강요할 것이다. 그러나 주변국에 강하면서도 강국에는 약한 제국의 속성을 파고든다면 길은 분명 있을 것이다. 우리의 자주성을 침해받지 않으면서도 중국과 호혜(互惠)관계를 누릴 수 있는 길 말이다. 그래서 외교가 더욱 중요한 시대가 됐다. 시진핑의 집권 연장을 부정적으로만 바라보고 비난할 필요는 없다. 그것이 일당독재

시스템의 허약함을 노출한 것이라면, 그 속에는 분명 우리의 길이 있게 마련이다. 그걸 찾아야 한다.

오늘날 우리가 맞닥뜨리고 있는 현실은 그렇게 중국의 역사, 그리고 철학과 맞닿아 있다. 중국은 현재 문제에 대한 해답을 과거 역사에서 찾는다. 끊임없이 역사와 대화하고, 역사로 돌아가려고 한다. '위대했던 중화민족의 부흥'이라는 그들의 꿈이 현실에서 어떻게 표현되고, 또 그것이 품고 있는 날카로운 칼은 누구를 겨냥할지를 잘 살펴야 할 때다.

문제는 우리다. 아직도 우리 외교는 명분(義)과 실익(利) 사이를 오가며 갈팡질팡하고 있지 않은가? 대륙에서 불고 있는 저 거센 바람을 어떻게 막아내야 할지 전략은 있는가? 소설 속 최명길의 말대로 '웃으면서도 곡할 줄 아는' 유연한 전략을 갖고 있는지 묻고 싶은 것이다.

대륙에서 새로운 힘이 꿈틀거리고, 그 힘이 점점 외부로 치뻗고 있는 지금 우리는 어디에 있는가? 중국은 향후 15년, 30년 갈 길을 정해놓고 그 페이스대로 가고 있건만, 우리는 추상적인 비전마저 없지 않은가? 우리는 아직도 '남한산성'에 갇혀 있는 것은 아닌가?

소설 《남한산성》은 삼전도를 이렇게 추억한다.

조선 왕이 말에서 내렸다. 조선 왕은 구층 단 위의 황색 일산을 향해 읍했다. 정명수가 계단을 내려와 칸의 말을 조선 왕에 전했다.

"내 앞으로 나오니 어여쁘다. 지난 일을 말하지 않겠다. 나는 너와 더불어 앞 일을 말하고자 한다."

조선 왕이 말했다.

"황은이 망극하오이다."

그때 청의 사령이 목을 빼어 길게 소리쳤다.

"일 배요!"

조선 왕은 무릎을 꿇었다.

역사는 되풀이되는가?

1894년 7월 23일 새벽. 총칼로 무장한 일본군이 경복궁을 에워쌌다. 광화문은 잠겨 있었다. 군인들이 담을 뛰어넘고, 안에서 몇 발의 총소리가 들렸다. 그리고 얼마 되지 않아 광화문이 스르르 열렸다. 밖에서 기다리고 있던 일본군이 궁 안으로 쏟아져 들어갔다.

고종은 잠들어 있었다. 군홧발로 침실에 뛰어든 일본 대장이 말했다.

"밖에서 일본군과 조선군 사이에 소란이 있었습니다. 조선군은 모든 무기를 우리 일본군에 넘겼습니다. 이제부터 우리 일본군이 전하를 보호할 것입니다."

조선 역사 초유의 '경복궁 점령' 사건은 그렇게 끝났다. 궁궐을 지켜야 할 조선군은 제대로 반격 한 번 해보지 못했다. 고종은 어찌할 도리가 없었다. 한 나라의 왕이 자신의 궁에서 포로가 되는, 말도 안 되는 일이 일어난 것이다.

사건 발생 이틀 뒤인 7월 25일 오전. 영국 국적의 상선이 청(淸)군 1,000여 명을 태우고 아산만으로 들어오고 있었다. 조선에 파병할 군사를 수송하는 중이었다. 그 앞에 일본 순양함 나니와(浪速)호가 나타났다. 선전포고도 없었다. 그냥 다가오더니 포탄을 쏟아부었다. 백인 승무원 80여 명을 제외한 청나라 군인 전원이 그대로 수장됐다. 며칠 후 일본은 성환 전투에서 손쉽게 승리하며 승기를 잡았다.

청일전쟁은 그렇게 시작됐다.

이 땅 조선을 누가 지배할 것이냐를 놓고 벌어진 전쟁, 두 외세가 남의 나라에서 벌인 전쟁, 조선이라는 나라를 전리품으로 전락시킨 전쟁, 그리고 수천 년 지속되어온 아시아의 판도를 일시에 바꾼 전쟁. 그렇기에 청일전쟁은 우리가 결코 잊을 수도 없고, 잊어서도 안 되는 역사다.

산둥(山東)성 웨이하이(威海) 취재 길. 시간을 쪼개 류궁다오(劉公島)를 방문한 이유다. 갑오전쟁(청일전쟁)기념관이 있는 류궁다오는 웨이하이에서 배로 약 15분 거리에 있다. 갑오전쟁의 주역들이 입구에서 관광객들을 맞는다. 서태후, 이홍장, 정여창….

서태후 얘기를 안 할 수 없다. 정원함은 원래 독일에서 만든 3,000톤급 정예 함선이었다. 아시아 최대였다. 일본의 배들과는 비교할 수 없을 정도로 컸다. 그런데도 청나라는 일본에 무릎을 꿇어야 했다. 포탄이 없었기 때문이다. 당시 배에는 포탄 2발밖에 없었단다. 아무리 큰 군함이라도 포탄이 없다면 종이호랑이에 불과하다.

서태후의 탐욕 때문이다. 그는 함대 운영을 위해 이홍장이 숨겨둔 예산까지 찾아내 모두 자신의 정원인 '이화원'을 짓는 데 사용한다. 군자금을 빼돌려 사욕을 채운 것이다. 예나 지금이나 권력자들의 탐욕과 부패는 나라를 망국에 이르게 한다.

전쟁은 늙은 호랑이 청나라와 제국주의 일본이 했는데, 주무대는 한반도였다. 1894년 7월 아산만에서 터진 후 평양, 압록강을 거쳐 다롄으로 이어졌고, 결국 이듬해 1월 북양함대의 본산인 웨이하이에 정박해 있던 주력 함대가 궤멸되면서 전쟁은 끝났다.

전쟁은 많은 비극을 낳는다. 일본군이 다롄을 침략했을 때 얘기다. 작은 마을 진저우(金州)에 살고 있던 취(曲)씨 가족은 들려오는 일제의 만행에 몸을 떨었다. "닥치는 대로 죽인다더라", "여자는 모두 끌고 가 겁탈한다더라"…. 10명 가족 중 여성들은 능욕을 피하기 위해 우물에 몸을 던졌다. 그 장면이 밀랍으로 만들어져 전시되고 있었다.

전쟁의 막바지 포성이 일던 1895년 1월 12일 류궁다오의 북양함대

정여창 제독 전시관

본부. 정여창 제독은 푸른 눈의 영국인 군사고문과 함께 있었다. 영국 고문이 말한다.

"끝입니다. 승패는 결정났습니다. 우리가 졌습니다. 더 저항해봐야 죽음만 늘어날 뿐입니다. 항복해야 합니다."

정 제독의 얼굴이 일그러진다.

"내가 죽은 후 항복 문서에 이 관인을 찍어 적장에게 넘겨주시오."

그게 마지막이었다. 정 제독은 호주머니에서 약 몇 알을 꺼내 입에 털어 넣었다. 독약이었다.

그렇게 전쟁은 끝났다. 이홍장은 시모노세키로 가서 항목 문서에 서명해야 했다. 시모노세키조약. 그 조약의 제1조가 바로 '조선의 독립국임을 인정하라'는 것이었다. '청나라는 이제 조선에서 손을 떼라. 조선은 내가 먹는다'라는 선언이었다. 그렇게 대륙은 조선에서 멀어졌고, 일본의 침략이 본격화됐다. 이 전쟁이 남의 전쟁만은 아닌 이유다.

마지막 전시실. 의미심장한 영상 전시물이 눈에 들어온다. 거기에는 이렇게 쓰여 있었다.

"역사는 되풀이되는가?"

갑오전쟁기념관은 중국인들에게 학습의 장이다. 그들은 일본의 우익

교과서 채택, 위안부 부정, 영토 분쟁 등이 발생하면 이 전시관에 들어가 항일의식을 마음에 되새긴다.

'역사는 되풀이되는 것인가?'는 우리에게도 동일하게 적용되는 질문이다. 힘이 없기에 외세를 불러들여야 했고, 그 외세에 국토를 유린당해야 했다. 지식인이라는 사람들은 세상이 어찌 돌아가는지도 모르고 주자학에 갇혀 있었다. 힘이 없다면, 낙후한다면 언제든지 역사는 되풀이된다.

사드, 북핵, 위안부, 일본의 재무장… 한반도를 둘러싼 주변 환경은 우리에게 묻는다. '지금 당신 나라는 외세를 뿌리칠 수 있을 만큼 힘이 있느냐?'고 말이다.

1894년 7월 23일 새벽. 그때 고종의 침전에 군화를 신고 들어온 책임자는 누구였던가?

이름은 오오시마 요시마사. 아베 신조 현 일본 총리의 고조부다.

그러기에 우리는 다시 한 번 묻는다. "역사는 되풀이되는가?"라고 말이다.